Greet Buchner

Kochen für mich

Vegetarische Rezepte für den Einpersonen-Haushalt

pala-verlag gmbh, schaafheim

Greet Buchner

Kochen für mich

Vegetarische Rezepte für den Einpersonen-Haushalt

pala-verlag gmbh, schaafheim

Die Originalausgabe erschien 1983 bei
De Driehoek BV, Amsterdam
unter dem Titel:
Vegetarisch voor een allen

Illustrationen: Anke van Vulpen-Nobel
Umschlagzeichnung: Klaus Weber
Deutsche Übersetzung: Hildegard Höhr/Wolfgang Hertling

Druck: Caro-Druck, Frankfurt
ISBN: 3-923176-29-5

Inhalt

Kochen für mich

Kochen für mich?

Immer mehr Menschen leben alleine, die Zahl der Einpersonenhaushalte wächst ständig. Und — egal ob es sich um überzeugte ‚Singles' handelt, oder ob sie aus anderen Gründen allein leben — viele von ihnen essen auch allein.

Essen als Genuß wird in unserer Kultur meist auch mit Geselligkeit in Verbindung gebracht, alleine zu essen scheint wenig akzeptiert zu sein. So werden Lebensmittel überwiegend in Großpackungen angeboten, Kochbücher bringen meist Vierpersonen-Menüs.

Wer für sich alleine kochen will, steht daher häufig zunächst vor einigen Problemen. Vielen scheint es zu zeit- und arbeitsaufwendig, für sich selbst zu kochen, so wird oft zu schnell resigniert und der Speiseplan den Herstellern von Fertiggerichten und Tütensuppen überlassen. Doch für die, die sich gesund und vegetarisch ernähren wollen, ist auch das keine Alternative. Bei ihnen ist zwar die Bereitschaft zum Kochen da, doch es fehlt ihnen an Ideen und Rezepten.

Dabei ist es gar nicht so schwierig, für sich allein zu kochen. Man muß nur wissen, daß Kochen für eine Person nicht einfach heißt, die Mengenangaben der normalen Kochbücher durch vier zu teilen und sonst wie angegeben zu verfahren. Wer so vorgeht, hat schnell Mißerfolgserlebnisse und läßt das Kochen wieder sein.

Dieses Buch soll zeigen, daß bei richtiger Planung auch unter solchen Bedingungen das Kochen für eine Person möglich ist, und daß mit relativ einfachen Mitteln die Zubereitung von vegatarischen Gerichten, die gut schmecken, möglich ist.

Greet Buchner

Das fängt damit an, daß die richtigen Geräte zur Hand sind. Gerade wenn wenig Platz vorhanden ist, ist es wichtig, daß er auch sinnvoll genutzt wird und nicht die falschen Geräte am falschen Platz vorhanden sind.

Die zweite wesentliche Voraussetzung sind ein sinnvoller Einkauf und eine vernünftige Vorratshaltung. Nur wenn auch die richtigen Zutaten zur Hand sind, ist „Kochen für mich" auch möglich.

Doch im Mittelpunkt dieses Buchs stehen die Rezepte, die Anregungen und Ideen für das Kochen bieten. Sie sollen zeigen, daß auch und gerade im Einpersonenhaushalt die Zubereitung vegetarischer Gerichte, die gut schmecken, möglich ist. Dabei sind der Phantasie keine Grenzen gesetzt, Variationen der Rezepte sind immer möglich.

Und damit ist ein letztes Anliegen dieses Buchs angesprochen: Das Essen soll mehr sein als reine Nahrungsaufnahme, es soll auch schmecken und Spaß machen. Denn sowohl das „Kochen für mich" als auch das „Essen für mich" kann ein Genuß sein, man muß ihn sich nur gönnen.

Die minimale Küchenausrüstung

Das Kochen auf einer Flamme ist nicht ganz einfach, aber doch möglich. Wenn man zwei Flammen oder Kochplatten zur Verfügung hat, ist das eine Erleichterung, aber es geht auch mit einer einzigen. Dazu braucht man allerdings ein *Stövchen*. Darauf kann dann z.B. das gekochte Gemüse warmgehalten werden, während die Kartoffeln kochen, oder umgekehrt.

Ein *Kochtopf* mit Deckel ist unerläßlich für das Kochen von Reis, Hülsenfrüchten, Kartoffeln usw.

Wichtig sind auch zwei *Kasserollen mit Stiel.* Sie sind einfacher aufzubewahren als solche ohne Stiel. Sie können an einem Haken an der Schranktür hängen. Es gibt auch teurere Stieltöpfe mit Deckel. Diese sind noch besser. Sie eignen sich zum Kochen von Milch, Brei, Sauce und Ähnlichem.

Beim Kauf der Töpfe sollte darauf geachtet werden, ob sie auf dem Eßtisch stehen sollen. Dann sollen sie hübsch aussehen und können ruhig etwas teurer sein.

Aluminiumtöpfe sollte man nicht kaufen. Sie haben inzwischen einen schlechten Ruf, weil Spuren von Aluminium sich im Essen auflösen, vor allem bei sauren Speisen. Diese Aluminiumspuren sind auf die Dauer gesundheitsschädlich.

Eine oder zwei *Bratpfannen* sind für die Zubereitung von gebratenen Gerichten wie Pfannkuchen, Bratkartoffeln, Spiegeleiern und anderem unentbehrlich. Die eine Pfanne wird für Gerichte mit dezentem Geschmack wie Eier und Pfannkuchen benutzt und die andere Pfanne für Gerichte mit starkem Geschmack wie gebratene Zwiebeln und gewürzte Speisen. Das ist sehr praktisch.

Ein *Kessel* zum Kochen von Wasser gehört auch zur Küchenausrüstung. Es kann auch ein Elektrokessel sein, in dem man dann außerdem noch Eier kochen kann.

Ein *Abtropfsieb,* und zwar keines aus Kunststoff, weil dieses schmilzt, wenn es auf einen Topf mit kochendem Wasser gesetzt wird, z.B. wenn gekochte Nudeln gleichzeitig abtropfen und warmgehalten werden sollen.

Ein feineres *Sieb,* ebenfalls aus Metall, ist unentbehrlich, auch wenn es nur zum Abtropfen dienen soll. Und manchmal muß auch etwas durchgesiebt werden.

Ein *Schöpflöffel,* am besten aus Stahl, dient dazu, die Suppe auf den Teller zu schöpfen oder den Pfannkuchenteig in die Pfanne zu gießen.

Ein *Pfannkuchenwender* ist sehr praktisch. Auch beim Braten von Kartoffeln, beim Aufbraten von Reis und bei der Zubereitung von Omelettes.

Ein *Schneebesen,* passend zur Größe unserer Kasserolle, ist zweckmäßig, aber noch viel besser und noch viel praktischer, weil damit zusätzliche Arbeit gespart wird, ist ein *elektrischer Handmixer.* Damit werden nicht nur Eier und Eiweiß geschlagen, sondern auch Kartoffelpüree und gebundene Suppen aus Hülsenfrüchten und vieles andere zubereitet.

Zwei Holzbretter, das eine für das Feinhacken von Zwiebeln, für das Schneiden von Paprika und anderem intensiv schmeckenden Gemüse, das andere zum Schneiden von Brot, Käse, Eiern usw. Sinnvoll ist es, wenn sie unterschiedlich aussehen, damit sie nicht verwechselt werden können. Man sollte sie auch aufhängen können. Das spart Platz.

Messer. Wer Messer sagt, denkt zuerst einmal an ein praktisches Kartoffelschälmesser, dann an ein Brotmesser (das auch anstelle eines Pfannkuchenwenders benutzt werden kann) und an ein größeres scharfes Messer zum Hacken und Schneiden.

Ein oder zwei nicht zu große *Holzlöffel* sind sehr angenehm im Gebrauch, auch wenn man stattdessen einen Metallöffel verwenden kann. Aber mit Holz rührt es sich besser und leichter.

Ein *Büchsenöffner.* In diesem Buch sind fast keine Rezepte aufgenommen, in denen Konserven verwendet werden. Aber man weiß nie. Wenn der Geist willig und das Fleisch schwach ist, dann kommt manchmal doch eine Konserve auf den Tisch. Und diese muß zuerst einmal geöffnet werden, deshalb der Büchsenöffner.

Eine *Gemüsereibe.* Am besten aus rostfreiem Stahl, dann hält sie fast ewig, und vorzugsweise eine, die grob und fein reibt und auch noch die Möglichkeit zum Schaben besitzt. Diese Reiben sind nicht teuer und können an einem Nagel aufgehängt werden.

Eine *Knoblauchpresse* für Knoblauchliebhaber. Alle anderen können sich diese Anschaffung sparen.

Ein *Korkenzieher* für Flaschen, die mit einem Korken verschlossen sind.

Ein *Meßbecher* ist nicht dringend notwendig, wohl aber praktisch. Wie soll man sonst wissen, wieviel 100 ml Milch oder Wasser sind?

Eine *Handmühle* ist auch keine Notwendigkeit, aber vor allem für den Einpersonenhaushalt sehr zu empfehlen. Man kann damit die jeweils benötigte Menge Mehl frisch mahlen. Ein kleiner Vorrat von Weizen, Roggen und eventuell auch Gerste ermöglicht es, daß immer frisches Vollkornmehl zur Hand ist.

Ein *Kühlschrank* ist natürlich herrlich, wenn es eben möglich ist. Vor allem in Zimmern in einem Haus mit Zentralheizung ist es oft sehr schwierig, Lebensmittel aufzubewahren, besonders dann, wenn kein Balkon vorhanden ist. Dann ist die Anschaffung eines Kühlschranks doch ratsam, vor allem auch deswegen, weil bei vielen Rezepten wie z.B. Reis und Hülsenfrüchten geraten wird, Mengen für drei Tage zu kochen. Dafür muß man über eine kühle Aufbewahrungsmöglichkeit verfügen können.

Kühlschrankdosen oder saubere Marmeladengläser. Die Dosen sind schön und praktisch. Aber für den Anfang reichen auch sorgfältig gesäuberte Marmeladengläser, um kleine Mengen Nahrungsmittel darin aufzubewahren. Also keine Marmeladengläser wegwerfen! Sie sind ‚Gold' wert.

Vorratshaltung

Es muß immer ein kleiner Vorrat da sein, damit man nicht jeden Tag neu einkaufen muß.

Zuerst einmal die wichtigsten Lebensmittel: sie können in leeren Marmeladengläsern oder in Einmachgläsern aufbewahrt werden. Dadurch bleiben sie länger genießbar, und außerdem ist Glas einfacher sauber zu halten als Plastik, auf dem sich fettige Finger sofort abzeichen.

Folgende Lebensmittel sollten möglichst immer vorrätig sein:
Honig
Salz
Nudeln
Hülsenfrüchte nach Wunsch
Mehl nach Wahl (wer eine Handmühle hat: Getreide)
Grießmehl
Kartoffelmehl zum Binden
Korinthen und Rosinen (können ohne weiteres zusammen in einem Glas aufbewahrt werden)
Nüsse, gemischt oder nach Wahl
Öl, am besten Sonnenblumenöl
Essig, vorzugsweise Naturessig
Eier
Margarine
Butter, aber diese muß in einem rechteckigen Behälter unter Wasser aufbewahrt werden, dann zieht sie keinen Geruch an, wenn sie längere Zeit liegen bleibt; das Wasser muß jeden Tag

erneuert werden. So kann die Butter auch außerhalb des Kühlschrankes aufbewahrt werden.
Knäckebrot (für den Fall, daß das frische Brot ausgeht)
Zwieback (kann notfalls auch zu Paniermehl feingerieben werden)
Paniermehl
Reis, langkörnig und rundkörnig (für Liebhaber von Reisbrei)

und unter Umständen auch:
Kaffee
Tee, Sorten nach Wunsch
Kakaopulver

Gewürze

Pfeffer
Ingwerwurzel
Muskatnuß
Curry
Muskatblüte
Lorbeerblatt
Bohnenkraut
Zimt
Oregano
Nelken

Für Liebhaber kommen noch Knoblauch und natürlich spezielle Kräuter nach Wunsch wie Dillspitzen, Basilikum und noch vieles andere dazu.

Beim Einkauf der Lebensmittel sollte man etwas auf Qualität und gesunde Lebensmittel achten.

Bei *Getreide und Getreideprodukten* ist es immer empfehlenswert, Produkte aus dem ganzen Korn zu verwenden. Das ist gesünder, und wenn man sich erst einmal umgestellt hat auch viel schmackhafter als Produkte aus Auszugsmehl.

Bei *Eiern* kauft man Eier aus freilaufender Geflügelhaltung. Wenn man kein Fleisch ißt, sollte es auch selbstverständlich sein, daß man die tierquälerischen Methoden der Intensivgeflügelhaltung nicht unterstützt.

Zum Süßen sollte möglichst *Honig* verwendet werden. Zucker ist ebenfalls ein Auszugsprodukt, das schädlich für die Zähne und auch die restliche Gesundheit ist. Honig süßt ebensogut wie Zucker und hat auch einen angenehmen Eigengeschmack, der vielen Speisen ein angenehmes Aroma verleiht.

Bei *Gemüse* kauft man möglichst frische Ware. Konserven sollten nur eine Reserve für Notfälle darstellen. Frische Ware ist vitamin- und nährstoffreicher und schmeckt besser. Wer eine Möglichkeit hat, Ware aus biologischem Anbau zu kaufen, sollte das ausnutzen. Dieses Gemüse ist gesünder und meist auch schmackhafter. Am besten sind natürlich Produkte aus dem eigenen Garten, aber den hat halt leider nicht jeder.

Alle Lebensmittel sind nur begrenzt haltbar. Besonders Frischprodukte, wie Milch, Eier, Gemüse und Obst können meist nur für kurze Zeit aufbewahrt werden. Diese Lebensmittel sollten möglichst kühl und dunkel aufbewahrt werden, um sie vor einem zu schnellen Verderben zu schützen. Im folgenden die ungefähren Haltbarkeitszeiten verschiedener Gemüse- und Obstarten, die helfen können den Einkauf und den Speisezettel zu planen.

Haltbarkeit von Gemüse und Obst

Produkt	im Kühlschrank	an einem kühlen Ort
Auberginen		1-2 Tage
Bohnen		2-3 Tage
Bohnen, dicke	1 Woche	2-3 Tage
Champignons	2-3 Tage	1 Tag
Chicorée	1 Woche	1 Tag
Endivien	2-3 Tage	1 Tag
Erbsen, Schal-	3-4 Tage	1-2 Tage
Erbsen, Zucker-	4-6 Tage	2-3 Tage
Gurken		1 Woche
Kartoffeln		2-3 Monate
Kohl, Blumen-	1 Woche	1-2 Tage
Kohl, Rosen-	4-6 Tage	1-2 Tage
Kohl, Rot-, Weiß-		1-2 Wochen
Kohlrabi		1-2 Wochen
Lauch		2-4 Tage

Produkt	im Kühlschrank	an einem kühlen Ort
Möhren, Frühlings-	4-5 Tage	2 Tage
Möhren, Winter-	4-8 Wochen	2-4 Wochen
Paprika		3-5 Tage
Petersilie	1 Woche	1 Tag
Portulak	4-6 Tage	2-3 Tage
Radieschen	3-5 Tage	1-2 Tage
Rhabarber	1 Woche	2-3 Tage
Rote Bete, mit Blatt	2-3 Tage	1 Tag
Rote Bete, ohne Blatt	ein paar Wochen	
Rübstiele	2-3 Tage	1 Tag
Salat	2-3 Tage	1 Tag
Sellerie	1 Woche	1 Tag
Sellerie, Bleich-	2-3 Tage	1 Tag
Sellerie, Knollen-	1 Woche	2-3 Tage
Spinat	2-3 Tage	1 Tag
Tomaten		1 Woche
Zwiebeln		2-4 Wochen
Äpfel	ein paar Wochen	
Apfelsinen		7-10 Tage
Bananen		3-6 Tage
Beeren	2-3 Tage	1 Tag
Birnen	ein paar Wochen	
Brombeeren	1-2 Tage	1 Tag
Erdbeeren	1-2 Tage	1 Tag
Himbeeren	1 Tag	1 Tag
Kirschen	2-3 Tage	1 Tag

Produkt	im Kühlschrank	an einem kühlen Ort
Mandarinen		2-3 Tage
Melonen		1-2 Tage
Pfirsiche	2-7 Tage	1-3 Tage
Pflaumen	2-10 Tage	1-5 Tage
Trauben	1 Woche	2-3 Tage
Zitronen		1-2 Wochen

Das Aufbewahren von Milchprodukten

Butter und *Margarine* sollten am besten im Kühlschrank aufbewahrt werden, sind aber auch dort nicht länger als ein paar Wochen lang haltbar.

Käse wird mit Wachspapier (oder Butterbrot- oder Pergamentpapier) umwickelt, um ein Austrocknen zu verhindern, und ebenfalls im Kühlschrank aufbewahrt.

In engumschließender Plastikverpackung, in der der Käse häufig verkauft wird, kann er, falls er an der richtigen Stelle im Kühlschrank liegt, ebenfalls ein paar Tage lang aufbewahrt werden. Das gleiche gilt für die Verpackung von Schmelzkäse oder von französischen Käsesorten.

Für alle Käsesorten gilt, daß der Käse vor dem Verzehr wieder auf Zimmertemperatur gebracht werden sollte.

Milch muß immer dunkel und kühl im Kühlschrank aufbewahrt werden.

Das Gleiche gilt für *Joghurt* und *Buttermilch*. Diese Produkte verderben allerdings nicht so schnell bei höheren Temperaturen, aber der Geschmack wird saurer oder sogar bitter, wenn sie zu lange bei zu hohen Temperaturen aufbewahrt werden.

Quark und *Saure Sahne* werden am besten im Kühlschrank aufbewahrt, ebenso wie *Schlagsahne*.

Eier können bei Zimmertemperatur durchschnittlich zwei Wochen lang aufbewahrt werden. Im Kühlschrank halten sie sich ungefähr 5 Wochen lang, was allerdings auch davon abhängt, wie frisch sie beim Einkauf sind.

Da Eier sehr schnell Geschmack annehmen, ist es empfehlenswert, sie in den Eierschachteln, in denen sie verkauft werden, aufzubewahren.

Zusammenstellung der Mahlzeiten

Die tägliche warme Mahlzeit, die auch die Hauptmahlzeit ist, ist eine der wichtigsten Quellen von Mineralen, Vitaminen und Eiweiß. Darum sollte diese Mahlzeit immer mit großer Sorgfalt und so abwechslungsreich wie möglich zusammengestellt werden. Im allgemeinen sorgen Suppen, Gemüse, Salate, Kartoffeln und Obst für die notwendigen Minerale und Vitamine, während Hülsenfrüchte, Käse und Eier, Milch und Milchprodukte, Sojabohnen und Sojaprodukte, Nüsse, Erdnüsse und in geringerem Maße auch Getreide uns mit der notwendigen Menge an Eiweiß versorgen.

Weil die meisten pflanzlichen Eiweiße nur dann zu ihrem vollen Recht kommen, wenn sie in richtiger Weise miteinander kombiniert werden, ist es empfehlenswert, Hülsenfrüchte immer mit Getreideprodukten oder mit Gerichten, in denen Sesam enthalten ist, zu kombinieren. Ein bekanntes Beispiel dafür ist die Suppe aus Hülsenfrüchten, zu der Grießmehlpudding oder Pfannkuchen als Nachspeise serviert werden. Aber auch Brot zur Hülsenfruchtsuppe oder gekochter Vollkornweizen zu einem Gericht mit Hülsenfrüchten sind sehr sinnvoll.

Kartoffeln enthalten auch etwas Eiweiß, dessen Wert besser genutzt wird, wenn wir die Kartoffeln mit einem Milch- oder Käseprodukt kombinieren.

Der Eiweißwert von Reis steigt durch Kombination mit dem Sojaprodukt Tofu, aber Sojabohnen sind auch allein sehr wertvoll, da das Soja-Eiweiß äußerst vollwertig ist.

Da die Aufnahme von Nährstoffen auch im Zusammenhang

mit dem Geschmack einer Mahlzeit steht, sind auch vom Ernährungsstandpunkt aus gesehen schmackhafte Kombinationen wichtig.

In der vegetarischen Küche sind die verschiedenen Saucen als die wichtigsten Geschmacksgeber anzusehen. In diesem Zusammenhang ist zu beachten, daß sich alle milden Saucen, Saucen auf der Basis von Mayonnaise, sowie Käse- und Quarksaucen sehr gut mit Kartoffel- und Eiergerichten und mit mild schmekkendem Gemüse kombinieren lassen.

Käsegerichte kommen am besten in Verbindung mit Saucen zur Geltung, in denen frische Kräuter verarbeitet sind, während Reis und Getreidegerichte herzhafte, würzige Soßen mit Tomaten, Zwiebeln und vielen Kräutern erfordern.

Auch Hülsenfrüchte können meist gut mit würzigen Soßen kombiniert werden. Linsen, braune Bohnen und Kapuzinererbsen schmecken auch sehr gut mit süßsauren Saucen, ebenso wie verschiedene Nudelgerichte, wie Kohlgerichte und rote Bete.

Maße und Gewichte

Verschiedene Lebensmittel

Sorte	Menge	durchschn. Gewicht
Buchweizengrütze	1 Tasse	100 g
	1 gestr. Eßl.	8 g
Custardpulver	1 Tasse	85 g
	1 gestr. Eßl.	7 g
Graupen	1 Tasse	130 g
	1 gestr. Eßl.	11 g
Grießmehl	1 Tasse	120 g
	1 gestr. Eßl.	9 g
Haferflocken	1 Tasse	65 g
	1 gestr. Eßl.	5 g
Hülsenfrüchte, trocken	1 Tasse	150 g
Hülsenfrüchte, gekocht	1 Tasse	115 g
Kartoffelmehl	1 Tasse	110 g
	1 gestr. Eßl.	9 g
Korinthen/Rosinen	1 Tasse	100 g
Maizena	1 Tasse	105 g
	1 gestr. Eßl.	9 g
Makkaroni/Vermicelli	1 Tasse	100 g
gekocht	1 Tasse	85 g

Sorte	Menge	durchschn. Gewicht
Paniermehl	1 Tasse	95 g
	1 gestr. Eßl.	8 g
Reis, trocken	1 Tasse	150 g
Reis, gekocht	1 Tasse	100 g
Salz	1 gestr. Eßl.	15 g
	1 gestr. Tl.	3 g
Wasser	1 Tasse	150 g
	1 Eßl.	15 g
Mehl	1 Tasse	90 g
	1 gestr. Eßl.	7 g

Fette und Milchprodukte

Sorte	Menge	durchschn. Gewicht
Butter und Margarine	1 gestr. Eßl.	12 g
	1 Brotaufstrich	5 g
Ei	mittlere Größe	70 g
Käse	1 Brotbelag	15 g
Öl	1 Eßl.	12 g

Durchschnittliches Gewicht von verschiedenen Gemüse- und Obstsorten

Sorte	Menge	durchschn. Gewicht
Blumenkohl	mittlere Größe	500 g
Chicorée	1 Stück	75 g
Endivien	1 Kopf	400 g
Frühlingsmöhren	1 Bund	750 g
Grünkohl	1 Kopf	300 g
Gurken	mittlere Größe	600 g
Kartoffeln	mittlere Größe	100 g
Kohl, Rot-, Weiß-, Wirsing-	mittlere Größe	1500 g
Lauch	mittlere Größe	100 g
Petersilie	1 Bund	100 g
Radieschen	1 Bund	100 g
Rote Bete	1 runde	250 g
Rote Bete	1 längliche	350 g
Rübstiele	1 Bund	300 g
Salat	mittlere Größe	200 g
Sellerie	1 Bund	100 g

Sorte	Menge	durchschn. Gewicht
Sellerieknolle	mittlere Größe	400 g
Tomaten	mittlere Größe	200 g
Wintermöhren	mittlere Größe	350 g
Zwiebel	groß klein	100 g 50 g

Obst mit Schale

Sorte	Menge	durchschn. Gewicht
Apfel	mittlere Größe	150 g
Apfelsine	mittlere Größe	140 g
Banane	mittlere Größe	150 g
Birne	mittlere Größe	100 g
Mandarine	mittlere Größe	110 g
Melone	mittlere Größe	1000 g
Pfirsich	mittlere Größe	100 g
Pflaume	mittlere Größe	75 g
Zitrone	mittlere Größe	125 g

Rezepte

Suppen sind im Nu zubereitet

Viele Alleinlebende begnügen sich aus Bequemlichkeit mit tiefgefrorenen Suppen, Tütensuppen oder Suppenkonserven. Schade, denn das ist wirklich nicht nötig. Wenn man sicher sein will, aus welchen Zutaten die Suppe besteht, muß man sie selbst zubereiten, und so schwierig ist das gar nicht.

Man muß bei den Suppen verschiedene Sorten unterscheiden. Es gibt die klare Suppe, die nicht sehr nahrhaft ist, dafür aber sehr lecker; sie ist ideal als Vorspeise oder auch als Zwischenmahlzeit mit einem Butterbrot, wenn man einmal nicht die Zeit zu einer Mahlzeit mit drei Gängen hat.

Außerdem gibt es die gebundene Suppe, die viel nahrhafter ist und mit etwas Brot und einer sättigenden Nachspeise hinterher schon eine ausreichende Mahlzeit ergibt. Bei den gebundenen Suppen kann man wiederum unterscheiden zwischen einer Suppe, die mit einer Mehlschwitze, auch Einbrenne genannt, gebunden ist und einer mit Kartoffeln gebundenen Suppe.

Schließlich gibt es noch die sättigenden Eintopfsuppen, die meistens aus Hülsenfrüchten bestehen. Sie können eine vollständige Mahlzeit bilden. Weil sie auch sehr gut schmecken, wenn sie wieder aufgewärmt werden, ist es zweckmäßig, gleich die doppelte Menge davon zuzubereiten.

Zum Beispiel kann man am ersten Tag die Hülsenfrüchte als Hauptmahlzeit essen, und am zweiten Tag das Kochwasser der Hülsenfrüchte zusammen mit dem Rest der Hülsenfrüchte zu einer Suppe verarbeiten.

Das Kochen von Hülsenfrüchten ist viel einfacher, als die meisten denken, denn das Bett, der Schlafsack oder eine Kochkiste (wenn sie zur Verfügung steht) erledigen die Arbeit.

Man weicht die Hülsenfrüchte einfach am Vorabend ein, bringt sie am nächsten Morgen mit dem Einweichwasser zum Kochen und läßt sie 12 Minuten lang leicht kochen (während man sich anzieht oder frühstückt). Dann schlägt man schnell ein dickes Geschirrtuch um den glühendheißen Topf mit einem gut schließenden Deckel und steckt ihn unter ein Kissen, packt ihn in einen Schlafsack ein oder stellt ihn in die Kochkiste. Abends nach der Arbeit müssen die Hülsenfrüchte dann nur noch ausgepackt und kurz aufgewärmt werden. So einfach ist das.

Und jetzt zu den Suppen:

Der Einfachheit halber rechnen wir mit einer ordentlichen Portion, d.h. mit einem Viertelliter pro Person und Tag.

Mimosasuppe

1/4 l klare Brühe aus vegetarischen Bouillonkörnern oder -würfeln / 1/2 verquirltes Ei / 2 TL feingeschnittene Kräuter wie Petersilie, Sellerie, Kerbel, Schnittlauch oder Brennesselspitzen

Die Brühe zum Kochen bringen und das zerquirlte Ei unter Umrühren kurz mitkochen lassen. Es entstehen dann weiße und gelbe Flöckchen. Den Topf vom Herd nehmen und die grünen Kräuter hineinstreuen, gut umrühren und sofort servieren.

Salatsuppe

1/4 l vegetarische Brühe / die äußeren Blätter eines Salatkopfes (aus dem Rest wird Salat bereitet) / 1 kleines Stückchen Lauch (das Weiße davon) / 1/2 Eßl. feingehackte Zwiebel / 1 Eßl. feingeschnittene Kräuter (Petersilie, Sellerie, Kerbel, Schnittlauch, Brennesselspitzen usw. / 1 Eidotter / 1 Tl. Saure Sahne / Salz, Pfeffer / 2 Tl. Butter oder Margarine

Die Butter in einem großen Topf erwärmen, dann zuerst die Zwiebel und danach den in sehr feine Ringe geschnittenen Lauch hinzufügen. Kurz schmoren lassen, aber nicht bräunen. Die Hälfte der grünen Kräuter und die sehr fein geschnittenen, gewaschenen Salatblätter hineingeben. Im verschlossenen Topf 20 Minuten lang ganz leicht kochen lassen.

Das Eidotter in einer Suppenschale oder im Suppenteller mit dem Teelöffel Sahne verquirlen und die kochendheiße Suppe dazugießen, während alles mit einem Schneebesen oder mit einer Gabel geschlagen wird. Den Rest der grünen Kräuter daraufstreuen, ... und die Suppe ist fertig.

Wenn man ein Butterbrot und eine Nachspeise dazu ißt, hat man schon eine volle Mahlzeit.

Suppe aus Knollensellerie

1/2 kl. Sellerieknolle / 1/4 l Gemüsebrühe / 2 Tl. Butter oder Margarine / 1 kl. Eidotter / Pfeffer, Salz, etwas feingeschnittenes Selleriegrün

Die Sellerieknolle in dicke Scheiben schneiden, sorgfältig schälen und in Würfel schneiden. Die Butter in einem großen Topf erwärmen, die Selleriewürfel hinzufügen und unter ständigem Umrühren schmoren, aber nicht braun werden lassen. Die heiße Brühe hinzugießen, den Topf verschließen und alles ungefähr 35 Minuten lang leicht köcheln lassen. Die Selleriestücke mit einem Mixer passieren oder durch ein Sieb drücken.

Das Eidotter mit etwas Suppe verquirlen, das feingehackte Selleriegrün dazufügen und die kochende Suppe in einen Suppenteller oder eine Suppentasse gießen. Da diese Suppe länger als eine halbe Stunde kochen muß und auch aufgewärmt sehr gut schmeckt, ist es empfehlenswert, die doppelte Menge davon zuzubereiten, also eine kleine Sellerieknolle und einen halben Liter Brühe nehmen. Das mit etwas Sahne verquirlte Eidotter kann dann zur Hälfte in einem gut verschlossenen kleinen Glas für den nächsten Tag aufbewahrt werden. Wenn das Eidotter in der Suppe ist, darf sie nämlich nicht mehr aufgewärmt werden.

Knoblauchsuppe

1 Knoblauchzehe / 1/4 l Gemüsebrühe / 2 Eßl. Mayonnaise / 1 Scheibe Brot, in Würfel geschnitten / etwas Öl

Etwas Öl in einem großen Topf erhitzen und den feingehackten Knoblauch darin anbraten. Die kochende Brühe dazugießen und anschließend unter ständigem Umrühren oder Schlagen die Mayonnaise tropfenweise hinzufügen. Dies muß mit großer Sorgfalt geschehen, da die Mayonnaise sonst gerinnen kann. Eventuell muß die Suppe vom Herd genommen werden.

Inzwischen die Brotstückchen in etwas Öl in einer Pfanne braten. Die kochendheiße Suppe in den Teller oder die Suppentasse gießen und die gebratenen Brotwürfel darüberstreuen. Eventuell kann man die Mayonnaise auch auf einen vorgewärmten Teller geben und die kochendheiße Suppe unter ständigem Schlagen hinzugießen.

Blumenkohlsuppe

Blumenkohlreste / 1/4 l Kochflüssigkeit des Blumenkohls / 1 kleines Eidotter / etwas Sahne und evtl. etwas Sherry (Sahne mit Sherry ist sehr lecker in dieser Suppe) / Salz, Pfeffer

Das Blumenkohlwasser mit den Blumenkohlresten (z.B. vom Vortag) zum Kochen bringen und alles mit einem Mixer oder Sieb passieren.

Das Eidotter mit etwas Sahne und/oder Sherry verquirlen und die kochendheiße Suppe in einem Teller oder einer Suppentasse darübergießen. Dabei ständig alles mit einem kleinen Schneebesen oder mit einer Gabel schlagen.

Mit Salz und Pfeffer abschmecken.

Nach den Suppenrezepten, in denen die Suppen im Teller oder in der Suppentasse fertig zubereitet werden, folgen jetzt einige Rezepte von Suppen, die mit Kartoffeln gebunden werden.

Kartoffelsuppe nach französischer Art

100 g Kartoffeln / 75 g Möhren (auch Wintermöhren) / 1 kl. Zwiebel / 1/4 l Gemüsebrühe / 1 Nelke, 1 Stückchen Lorbeerblatt, eine Prise Thymian

Die Brühe mit den geschälten und in Stückchen geschnittenen Kartoffeln, mit der kleingehackten Zwiebel und den kleingeschnittenen Möhren zum Kochen bringen.

Die Gewürze hinzufügen und alles ungefähr 25 Minuten gar werden lassen. Die Nelke und das Lorbeerblatt entfernen und das Ganze mit einem Mixer pürieren oder durch ein Sieb drücken.

Wenn man die doppelte Menge Suppe zubereitet, dann ist die Arbeit für den nächsten Tag erledigt, oder, was noch praktischer ist, man bereitet einen Eintopf zu, nimmt dann aber die eineinhalbfache Menge und passiert den Rest mit Hilfe eines Siebs. Dies wird mit Brühe verlängert und schon ist die Suppe für den nächsten Tag fertig.

Weißkohlsuppe für zwei Tage

500 g sehr fein geschnittener Weißkohl / 100 g Kartoffeln / 1 kl. Zwiebel / 1/2 Knoblauchzehe / 1/2 l vegetarische Brühe / etwas Öl / 2 in Würfel geschnittene Brotscheiben / geraspelter Käse

Etwas Öl wird in einem großen Topf erhitzt und die geschälte, feingeschnittene Zwiebel mit dem sehr fein geschnittenen Knoblauch (Knoblauchgegner können ihn auch weglassen) hineingegeben. Leicht schmoren lassen, aber nicht bräunen. Anschließend den feingeschnittenen Kohl hineinschütten, diesen mitschmoren lassen, und danach erst die geschälte, in Stücke geschnittene Kartoffel hinzufügen. Am Schluß die kochende Brühe hinzugießen und alles im geschlossenen Topf eine halbe Stunde lang leicht durchkochen lassen. Die Brotwürfel in einer Pfanne mit etwas Öl goldbraun braten.

Die Hälfte der Suppe mit der Hälfte der Brotwürfel servieren. Nach Wunsch am Tisch noch etwas Käse darüberstreuen.

Am nächsten Tag die restliche Suppe aufwärmen und die Brotwürfel auf dem Deckel erwärmen.

Wer die Abwechslung liebt, kann am ersten Tag geraspelten Käse über die Suppe streuen und am nächsten Tag etwas feingehacktes Selleriegrün.

Lauchsuppe für zwei Tage

300 g Kartoffeln / 1 große Stange Lauch / 1/2 l Gemüsebrühe / 4 Eßl. Sahne (oder saure Sahne) / nach Wunsch geröstetes Brot und/oder geriebenen Käse / 2 Eßl. Butter oder Margarine

Butter oder Margarine in einem großen Topf erwärmen und den gewaschenen und in sehr feine Ringe geschnittenen Lauch hineinschütten und schmoren lassen, ohne daß er braun wird. Die geschälte und in Würfel geschnittene Kartoffel hinzufügen und alles mit der kochenden vegetarischen Brühe zusammen ungefähr 25 Minuten lang auf kleiner Flamme leicht kochen lassen. Danach mit dem Mixer pürieren oder das Ganze durch ein Sieb drücken.

Zwei Eßlöffel Sahne in eine Suppentasse oder einen Suppenteller geben, die Hälfte der Suppe kochendheiß darübergießen und dabei ständig mit einem Schneebesen oder einer Gabel rühren. Geröstetes Brot und/oder geraspelten Käse auf die Suppe streuen. Den Rest der Suppe am nächsten Tag mit den restlichen Eßlöffeln Sahne servieren.

Mit einer Mehlschwitze gebundene Suppen

Nach den mit Kartoffeln gebundenen Suppen folgen jetzt die Suppen, die mit einer Mehlschwitze oder Einbrenne gebunden werden. Eine Mehlschwitze ist gar nicht so schwierig zuzubereiten, wenn man weiß, wie es gemacht wird. Der Nachteil ist, daß man dafür zwei Herdplatten benötigt. Denn zuerst wird das Gemisch aus Butter und Mehl zubereitet, und dann wird die kochende Suppe hineingegeben. Zur Not kann man die heiße Suppe in eine Schüssel gießen und in dem Topf, in dem die Suppe gekocht worden ist, die Mehlschwitze zubereiten.

Dafür muß man zunächst Butter oder Margarine schmelzen lassen, ohne daß sie braun wird. Anschließend fügt man unter ständigem Umrühren das Mehl hinzu, das kurz mitgekocht wird und auch nicht braun werden darf. Nur für dunkle Suppen darf das Mehl hellgelb werden. Keinesfalls dunkler! Die Mehlschwitze wird vom Herd genommen und unter ständigem Rühren mit dem Schneebesen wird die heiße Suppe hinzugegeben.

Das gelingt immer, ohne daß Klumpen entstehen, wenn die Suppe sehr heiß ist und wenn man jedesmal nur eine kleine Menge der heißen Suppe mit dem Mehl/Butter-Gemisch verrührt.

Wenn alles gut vermischt ist, muß die Suppe noch einmal kurz aufkochen, damit sie gebunden wird.

Sojasprossensuppe für zwei Tage

1/2 l Gemüsebrühe / 20 g (2 Eßl.) Weizenmehl / 20 g (2 gestrichene Eßl.) Butter oder Margarine / 75 g Sojasprossen / 1/2 Eßl. Butter oder Margarine

Die Butter oder Margarine in einem großen Topf erwärmen und das Mehl hinzufügen, wie es im Abschnitt *Mit einer Mehlschwitze gebundene Suppen* beschrieben ist. Die Brühe nach und nach hinein gießen und alles 7 Minuten lang kochen lassen. Die Sojasprossen waschen, die Samenkörner, die oben auf dem Waschwasser schwimmen entfernen und die Sprossen kleinschneiden. Den halben Eßlöffel Butter oder Margarine in einer Pfanne erhitzen, die gewaschenen und abgetropften Sprossen hinzufügen und 7 Minuten lang schmoren lassen.

Die geschmorten Sprossen in die gebundene Brühe schütten und zweimal von dieser Suppe essen. Sie kann problemlos aufgewärmt werden, aber darauf achten, daß sie nicht anbrennt.

Stangenselleriesuppe für zwei Tage

250 g Stangensellerie / 1/2 l vegetarische Brühe / 20 g (2 Eßl.) Mehl / 20 g (2 gestr. Eßl.) Butter oder Margarine / 1 1/2 Eßl. Sahne / etwas Zitronensaft / nach Wunsch geraspelter Käse und/oder etwas geschnittenes Selleriegrün

Den Sellerie waschen und die groben Fasern entfernen, da diese nicht weich werden. In kleine Stückchen schneiden und ungefähr eine halbe Stunde in der Brühe garkochen.

Eine Mehlschwitze, wie beschrieben, zubereiten und die Suppe kurz aufkochen lassen.

Die Hälfte der Sahne mit etwas Zitronensaft in eine Suppentasse oder einen Suppenteller geben, die halbe Menge der kochendheißen Suppe darübergießen und nach Bedarf etwas geraspelten Käse und/oder Selleriegrün darüberstreuen.

Am nächsten Tag die Suppe unter ständigem Umrühren aufwärmen. Die restliche Sahne mit etwas Zitronensaft auf einen Teller geben und die restliche Suppe dazugießen.

Erdnußsuppe für zwei Tage

2 Stengel Stangensellerie oder 2 Scheiben einer Sellerieknolle / 1 kleine Zwiebel / 2 Eßl. Erdnußbutter / 20 g (2 Eßl.) Mehl / 20 g (2 gestrichene Eßl.) Butter oder Margarine / 2 Eßl. Sahne / 1/2 l Brühe / 1 Eßl. kleingehackte ungesalzene Erdnüsse

Die Butter oder Margarine in einem großen Topf erwärmen, die geschälte, feingeschnittene Zwiebel und den feingeschnittenen Sellerie (entweder Knollensellerie oder Stangensellerie, von dem alle groben Fasern entfernt worden sind) dazugeben. Alles schmoren lassen, ohne daß es braun wird, das Mehl einrühren und zum Schluß die Erdnußbutter dazugeben. Anschließend nach und nach die Brühe hineingießen und die Suppe 25 Minuten lang leicht kochen lassen. Das Ganze mit einem Mixer pürieren oder durch ein Sieb geben.

Einen Eßlöffel Sahne in eine Suppentasse oder in einen Suppenteller geben und die Hälfte der Suppe darübergießen.

Am nächsten Tag ebenso die aufgewärmte Suppe über einen Eßlöffel Sahne gießen, da Suppen mit Sahne nicht mehr aufgewärmt werden dürfen.

Rote Paprikasuppe für zwei Tage

1 kl. Zwiebel / 1 Tl. süßes rotes Paprikapulver / 20 g (2 Eßl.) Butter oder Margarine / 20 g (2 gestr. Eßl.) Mehl / 1/2 l vegetarische Brühe / eventuell 1/2 rote Paprika ohne Kerne / 2 Eßl. Sahne / Zitronensaft / etwas feingehackte Petersilie

Die Butter oder Margarine in einem großen Topf erhitzen, die geschälte und sehr fein gehackte Zwiebel hinzufügen, schmoren lassen, eventuell die entkernte und in kleine Würfel geschnittene rote Paprika hinzugeben und zum Schluß das rote Paprikapulver. Alles noch einmal kurz schmoren, aber nicht zu heiß werden lassen. Anschließend das Mehl hineinstreuen. Unterdessen ständig weiterrühren und zum Schluß unter Rühren die heiße Brühe dazugießen. 15 Minuten lang leicht köcheln lassen.

Einen Eßlöffel Sahne, die mit etwas Zitronensaft geschlagen ist, in eine Suppentasse oder einen Suppenteller geben, und die

Hälfte der Suppe unter Umrühren darübergießen. Am nächsten Tag den Rest auf die selbe Art servieren.

Die Suppe immer ohne Sahne und Zitronensaft aufwärmen.

Für Liebhaber: geraspelter Käse schmeckt zu dieser Suppe ausgezeichnet.

Tomatensuppe für zwei Tage

1/2 l Tomatensaft oder 1/2 Dose Tomatenmark mit 1/2 l Wasser / 1 vegetarischer Brühwürfel für 1/2 l / 20 g (2 Eßl.) Butter oder Margarine / 20 g (2 gestr. Eßl.) Mehl / etwas Pfeffer, Salz, Zitronensaft / geraspelter Käse / eventuell etwas gehackte Petersilie und/oder Sellerie

Den Brühwürfel im Tomatensaft oder in einem Gemisch von Tomatenmark und Wasser auflösen.

In einem Topf eine Mehlschwitze aus Butter und Mehl zubereiten (wie beschrieben). Den kochendheißen Tomatensaft mit der Brühe hinzugießen und alles 7 Minuten lang leicht durchkochen lassen. Mit etwas Zitronensaft, eventuell auch mit etwas Sahne abschmecken.

Mit gehackter Petersilie und/oder Sellerie und reichlich geraspeltem Käse servieren. Am nächsten Tag den Käse ebenfalls nachträglich in die Suppe streuen. Also nicht den Käse in die Suppe streuen und anschließend aufwärmen!

Kerbelsuppe für zwei Tage

50 g feingehackter frischer Kerbel oder Kerbel aus der Tiefkühltruhe / 20 g (2 Eßl.) Butter oder Margarine / 20 g (2 gestr. Eßl.) Mehl / 1/2 l vegetarische Bouillon

Die Butter oder Margarine in einem Topf erhitzen und mit dem Mehl, wie beschrieben, eine Mehlschwitze zubereiten. Die kochende Brühe hinzugeben, den Topf vom Herd nehmen und den frischen Kerbel hineinstreuen. Wenn der Kerbel tiefgefroren ist, muß er in der Suppe auftauen. Sobald das letzte Blättchen Kerbel aufgetaut ist, muß der Topf vom Herd genommen werden. Die Hälfte der Suppe in einen Teller oder eine Suppenschale geben.

Die restliche Suppe für den nächsten Tag aufbewahren. Sie darf nicht mehr kochen, da der Kerbel sonst an Aroma verliert. Also nur noch kurz aufwärmen.

Eintopfsuppen

Eine kräftige Suppe aus Hülsenfrüchten kann eine vollständige Mahlzeit sein. Man benötigt dafür nur einen Topf. Am besten bereitet man von diesen Suppen Mengen für zwei Tage zu, es sei denn, man verarbeitet Reste von gekochten Hülsenfrüchten.

Der Einfachheit halber sind in den folgenden Rezepten Mengen für zwei Tage angegeben. Die Suppen müssen an einem kühlen Ort aufbewahrt werden, da sie leicht sauer werden können. Sie sollten daher möglichst schnell abkühlen, z.B. kann der Topf mit dem Suppenrest in kaltes Wasser gesetzt werden (ohne

Deckel). Die Suppe, wenn sie abgekühlt ist, in eine Plastikdose füllen, die gut verschlossen ist, und an einem kühlen Ort aufbewahren. Sie kann auch im Kochtopf aufbewahrt werden.

Am nächsten Tag muß anfangs gut umgerührt werden, da Hülsenfrüchte nach dem Abkühlen eine geleeartige Masse bilden, die schnell anbrennt und erst beim Erhitzen wieder flüssig wird.

Weiße Bohnensuppe mit geraspeltem Käse

200 g weiße Bohnen / 1 Stange Lauch / 1 Lorbeerblatt, 1 Prise Thymian und/oder Oregano / Brühwürfel für 3/4 l Flüssigkeit / geraspelter Käse / etwas Öl

Die Bohnen abends waschen und in reichlich Wasser einweichen. Am nächsten Tag mit den Kräutern aufsetzen und 10-15 Minuten leicht kochen lassen. Den Topf anschließend in ein dickes Tuch einpacken, so daß der Deckel fest auf dem Topf sitzt, und das Ganze in Kissen oder in einen Schlafsack wickeln. Abends die Kräuter herausholen und etwas Öl in einer Pfanne erhitzen, die gewaschenen und sehr fein geschnittenen Lauchringe hinzufügen und ungefähr 7 Minuten lang leicht schmoren.

Den Topf mit den Bohnen zum Kochen bringen und die Lauchringe und die Brühwürfel hineingeben. Alles kochen lassen, bis es gebunden ist. Die Hälfte der Suppe in einen Teller oder eine Suppentasse gießen und reichlich geraspelten Käse darüberstreuen. Die restliche Suppe, nachdem sie völlig abgekühlt ist, an einem kühlen Ort bis zum nächsten Tag aufbewahren. Am nächsten Tag kann sie mit grünen Kräutern garniert werden

Braune Bohnensuppe

200 g braune Bohnen / 250 g Zwiebeln / 1 1/2 Eßl. Butter und/oder Margarine / Pfeffer, Salz

Die Bohnen in reichlich Wasser eine Nacht lang einweichen und am nächsten Morgen zum Kochen bringen. 15 Minuten lang kochen, den Deckel mit einem Geschirrtuch festbinden und den warmen Topf in Kissen oder in einem Schlafsack verpacken.

Abends Butter oder Margarine in einem großen Topf erhitzen, die geschälte und in kleine Stücke geschnittene Zwiebel hinzufügen. Schmoren lassen, bis sie glasig, fast gar und goldbraun ist. Aber nicht schwarz! Die gekochten braunen Bohnen hinzugießen und das Ganze weitere 15 Minuten lang köcheln lassen. Die Suppe mit einem Mixer oder durch ein Sieb pürieren. Mit Pfeffer und Salz abschmecken. Die Menge reicht für zwei Tage, am besten schmeckt sie mit geröstetem Brot.

Serbische Bohnensuppe

200 g weiße oder braune Bohnen / 200 g Zwiebeln / 1 1/2 Tl. rotes Paprikapulver (süß) / 1/2 Tl. (nicht mehr!) Chilipulver / 1/2 rote Paprika ohne Kerne / Salz nach Bedarf / 1 1/2 Eßl. Öl

Die Bohnen eine Nacht lang in reichlich Wasser einweichen und am nächsten Morgen 15 Minuten lang kochen. Anschließend den Topf warm einpacken. Abends die gehäuteten, in dünne Scheiben geschnittenen Zwiebeln in etwas Öl schmoren, bis sie glasig werden, aber noch nicht gebräunt sind. Dann die entkernten, in Würfel geschnittenen Paprika, das rote Paprikapulver und das Chilipulver hinzufügen, anschließend die gekochten Bohnen und alles weitere 20 Minuten lang kochen lassen.

Diese Suppe servieren, ohne sie durchzusieben, so daß man die Paprikastückchen und Bohnen noch sehen kann. Diese Suppe reicht für 2 Tage. Dazu ißt man Brot.

Erbsensuppe mit Rahm

200 g getrocknete Erbsen / 1/2 Tasse feingeschnittenes Suppengemüse (kann auch tiefgefroren sein) / 1 kleine Kartoffel / 3 Eßl. Sahne / 1/2 Eßl. feingeschnittener Schnittlauch (oder Selleriegrün)

Die Erbsen nicht einweichen, sondern morgens nach sorgfältigem Waschen mit reichlich Wasser aufsetzen und 12 Minuten kochen lassen. Den Deckel mit einem Geschirrtuch festbinden und den warmen Topf in ein Kissen oder in einen Schlafsack einpacken.

Die Erbsen abends erneut zum Kochen bringen, das Suppengemüse und die geschälte, würfelig geschnittene Kartoffel hinzufügen. Alles noch 20 Minuten lang kochen. Die Suppe eventuell mit einem Mixer oder durch ein Sieb pürieren.

Die Hälfte der Sahne und die Hälfte des Schnittlauchs oder des Selleriegrüns in eine Suppentasse oder in einen Suppenteller geben und die kochendheiße Suppe darüber gießen.

Die restliche Suppe bis zum nächsten Tag kühl aufbewahren und mit frischer Sahne und Schnittlauch oder Sellerie servieren.

Dazu gebratenes oder geröstetes Brot essen.

Würzige Linsensuppe

200 g Linsen / 150 g feingeschnittene Zwiebeln / 1 Eßl. Öl, 1 Lorbeerblatt , 1 Muskatblüte, 1 Nelke / evtl. 1 Glas Rotwein

Die Linsen nach dem Waschen eine Nacht lang in reichlich Wasser einweichen. Am nächsten Tag zum Kochen bringen und 12 Minuten lang durchkochen. Die Kräuter hinzufügen, bevor die Linsen kochen. In Kissen oder einem Schlafsack eingepackt tagsüber gar werden lassen.

Abends die Zwiebeln schälen und in hauchdünne Scheibchen schneiden. Das Öl in einer Pfanne erhitzen und die Zwiebeln darin glasig und hellbraun (nicht schwarz!) schmoren. Die Linsen aus dem Kissen oder dem Schlafsack auspacken und zum Kochen bringen, die Gewürze herausnehmen und die Zwiebeln hinzufügen. Alles in weiteren 15 Minuten würzig und gar werden lassen. Mit einem halben Glas Rotwein im Teller oder in der Suppentasse servieren. Diese Suppe reicht für zwei Mahlzeiten und wird mit frischem oder geröstetem Brot gegessen.

Weiße Bohnensuppe mit Joghurt

200 g weiße Bohnen / 1 Lorbeerblatt / 2 Nelken / etwas Thymian, Pfeffer / 1/2 Eßl. Öl / 1 große Stange Lauch / 1/2 Tasse abgetropfter Joghurt / 2 Tomaten / Pfeffer und Salz

Die Bohnen eine Nacht lang in reichlich Wasser einweichen und zusammen mit den Gewürzen aufsetzen, 12 Minuten lang kochen und den in ein Tuch eingeschlagenen Topf in Kissen oder einen Schlafsack einpacken.

Abends in einer Pfanne Öl erhitzen, und den gewaschenen und sehr fein geschnittenen Lauch hinzufügen und schmoren lassen, bis er gar ist.

Die weißen Bohnen zum Kochen bringen, die Gewürze entfernen und die Lauchringe hinzufügen. Alles weitere 15 Minuten lang kochen.

Eine Tomate abschälen, nachdem sie kurz in heißem Wasser gelegen hat, und sehr fein schneiden und mit der Hälfte des abgetropften Joghurts vermischen. Dieses Gemisch in einen Teller oder eine Suppentasse geben und die Hälfte der heißen Suppe darübergießen. Gegebenenfalls mit etwas Salz und Pfeffer nachwürzen.

Die restliche Suppe möglichst schnell abkühlen lassen und sie bis zum nächsten Tag aufbewahren. Auf die gleiche Weise mit der anderen Tomate und dem Rest des abgetropften Joghurts servieren.

Nicht zu vergessen: Die Kartoffel!

Die Kartoffel ist in unseren Breitengraden einer der wichtigsten Lieferanten von Vitamin C. Im Durchschnitt stammen 40 % des Vitamins C, das wir mit unserer Nahrung zu uns nehmen, von dieser einfachen Wurzelknolle, was nicht zuletzt daran liegt, daß wir sie in großen Mengen verzehren. Man rechnet 250 g Kartoffeln pro Person und Mahlzeit. Wer für sich allein kocht, sollte deshalb am besten immer gleich 500 g kochen, da dann für den nächsten Tag gleich mitgekocht ist.

Frisch gekocht paßt sie gut zu Gemüse, Salaten, Omeletten, gebratenem Käse und natürlich in Stampfkartoffelgerichte.

Am zweiten Tag kann man die Kartoffeln braten oder als Kartoffelplätzchen, Kartoffelsalat und ähnlichem verspeisen.

Kartoffeln in der Schale gekocht

500 g ungefähr gleichgroße Kartoffeln / 150 ml Wasser

Die Kartoffeln sollten sehr gründlich gebürstet werden. Eventuelle häßliche Stellen und Keime werden entfernt. Dann werden sie in einem gut verschlossenen Topf mit Wasser zum Kochen gebracht und in ungefähr 25 Minuten gegart. Neue Kartoffeln sind in 15 Minuten gar. Das Kochwasser wird abgegossen, die Kartoffeln mit einer Gabel aufgespießt und abgepellt.

Man kann dies auch auf dem Teller tun. Besonders lecker schmecken die Kartoffeln mit etwas Butter und Salz.

Geschälte Kartoffeln

Die Kartoffeln so dünn wie möglich schälen, Keime und häßliche Stellen entfernen und zu große Kartoffeln halbieren. Mit 100 ml Wasser und etwas Salz aufsetzen und im geschlossenen Topf schnell zum Kochen bringen und in 20-25 Minuten gar werden lassen. Neue Kartoffeln benötigen nur 15 Minuten. Das Kochwasser kann in einen anderen Topf abgegoßen werden und für Suppen oder Saucen benutzt werden.

Nach dem Abgießen die Kartoffeln kurz schütteln und ohne Deckel bei sehr niedriger Hitze kurz ausdampfen lassen.

Kartoffelpüree

500 g Kartoffeln / 100 ml Milch / etwas Butter oder Margarine / Salz und Muskat

Die Kartoffeln mit oder ohne Schale kochen, die Menge für den nächsten Tag beiseitestellen und die Kartoffeln anschließend sehr feinstampfen. Mit ungefähr 100 ml kochender Milch verrühren, etwas Butter oder Margarine hinzufügen und die sämige Masse mit Salz und Muskatnuß abschmecken.

Kartoffelsalat

500 g Kartoffeln / 1 Tl. Öl / Salz, Pfeffer / 1 Tl. Senf / 1 kleine Zwiebel oder etwas Schnittlauch

Dieser Salat schmeckt am besten, wenn man ihn aus warmen Kartoffeln zubereitet. Man setzt also die Portion Kartoffeln für die nächste Mahlzeit beiseite und schneidet die restlichen Kartoffeln in Scheiben. Diese legt man in eine Schüssel und gießt ein Gemisch aus einem kleinen Löffel Öl, etwas Salz und Pfeffer darüber. Man kann auch etwas Senf untermischen. Dann läßt man den Salat an einem kühlen Ort durchziehen und bestreut ihn am nächsten Tag mit einer kleinen feingehackten Zwiebel oder Schnittlauch.

Kartoffelbällchen

250 g Kartoffeln (der Rest vom Vortag) / Butter und/oder Öl zum Braten / eine Tasse kochende Milch / 1/2 Eßl. feingeschnittene Zwiebel / 1/2 Eßl. Butter und/oder Öl / etwas Curry / 1/2 Eßl. feingeschnittenen Sellerie und Petersilie / Paniermehl

Die kalten Kartoffeln so fein wie möglich zerdrücken und unter ständigem Umrühren mit der kochenden Milch erwärmen. In der Zwischenzeit die feingeschnittene Zwiebel mit Curry in einer Pfanne anbraten und dieses Gemisch, die feingeschnittene Petersilie und den Sellerie mit dem Kartoffelpüree verrühren.

Mit den Händen zwei oder drei feste Kugeln aus dieser Masse formen. Dabei ist wichtig, daß sie gut zusammengedrückt werden, damit sie nicht auseinanderfallen.

Am Schluß die Kugeln in Paniermehl wälzen und sie in Butter und/oder Öl auf beiden Seiten goldbraun braten. Die Kartoffelbällchen passen ausgezeichnet zu gekochtem Blattgemüse oder zu einem frischen Salat.

Bratkartoffeln

250 g gekochte Kartoffeln / 2 Eßl. Öl

Die Kartoffeln in dicke Scheiben schneiden. Das Öl in einer Pfanne erhitzen und die Kartoffelscheiben vorsichtig hineinlegen und goldbraun braten. Die Scheiben wenden, damit sie auch auf der anderen Seite braun werden. Sie sollten so heiß wie möglich gegessen werden, eventuell mit etwas Salz und Pfeffer.

Rösti aus gekochten Kartoffeln

250 g gekochte kalte Kartoffeln, am besten in der Schale gekocht / 2 Eßl. Öl / 2 Eßl. Butter oder Margarine / Salz

Die gepellten gekochten Kartoffeln auf einer großen Reibe raspeln. Die Hälfte der Butter und des Öls in einer Pfanne erhitzen und die geraspelten Kartoffeln hineinschütten. Kurz umrühren und mit einem Pfannkuchenwender zusammendrücken; so daß eine Art Kartoffelkuchen entsteht. Einen Deckel oder einen Teller auf die Pfanne legen und bei niedriger Hitze weiterbraten, bis der Kuchen nach ungefähr 20 Minuten auf einer Seite eine schöne braune Kruste bekommt. Dann den Kuchen auf einen Teller gleiten lassen, den Rest Öl und Butter in die Pfanne geben und den Kartoffelkuchen mit der noch nicht gebratenen Seite nach unten in die Pfanne. Auch diese Seite soll schön braun werden. Den Kuchen, der außen knusprig und innen weich ist, sofort aufessen. Dieses Rezept scheint schwierig zu sein, aber wer es einmal zubereitet hat, weiß, wie einfach die Zubereitung dieser Röstis ist und wie lecker sie schmecken.

Bratkartoffeln mit Zwiebeln und Petersilie

250 g gekochte Kartoffeln, am besten in der Schale gekocht / 1 große Zwiebel / 1 Eßl. Öl / 1 Eßl. Butter oder Margarine / 1/2 Eßl. feingeschnittene Petersilie

Das Öl mit der Butter in einer Pfanne erhitzen und die geschälte, in hauchdünne Scheiben geschnittene Zwiebel darin schmoren, ohne daß sie braun wird. Dann die gepellten, in Scheiben geschnittenen Kartoffeln hinzufügen und mitbraten. Kurz bevor sie auf den Teller kommen, noch etwas Petersilie darüberstreuen und warm werden lassen. Sehr lecker zu Spiegelei, Omelett oder Kräuterquark.

Die Verarbeitung von rohen Kartoffeln

Bis jetzt sind nur Rezepte aufgeführt worden, in denen gekochte Kartoffeln verwertet wurden.

Aber geschickte Leute benutzen auch oft rohe Kartoffeln für allerlei Gerichte. Ein Erfolg ist immer das Kartoffelgulasch. Da es so gut schmeckt, bereitet man am besten immer gleich die doppelte Portion davon zu. Es läßt sich nämlich leicht aufwärmen und schmeckt am nächsten Tag noch besser.

Kartoffelgulasch

500 g Kartoffeln (nicht weichkochende) / 400 g Zwiebeln / 2 Eßl. Öl / 2 Tl. süßes rotes Paprikapulver / eventuell einen Rest Tomatenmark und etwas Sahne / 1/2 Tasse vegetarische Brühe / Salz nach Bedarf

Die Zwiebeln schälen, in feine Ringe schneiden und in einem Topf mit heißem Öl goldgelb (nicht dunkler) braten. Dann das Paprikapulver hinzufügen. Es darf nicht zu heiß werden, da es sonst sein feines Aroma verliert. Anschließend werden die geschälten und gewürfelten Kartoffeln kurz mitgeschmort, dann wird die heiße Bouillon hinzugefügt und der Topf mit einem Deckel verschlossen. Die Kartoffeln und Zwiebeln müssen hin und wieder vorsichtig umgerührt werden, damit sie nicht anbrennen, und sind in 20-25 Minuten gar. Die Kartoffeln dürfen aber nicht zerkochen.

Nach Bedarf mit einem Rest Tomatenmark und etwas Sahne abschmecken und mit einem frischen Salat essen.

Irische Kartoffelpfannkuchen

200 g Kartoffeln, 1 1/2 Eßl. Mehl / 1 Eßl. Milch / Salz, etwas Kümmel (1/2 Tl.) / Öl zum Braten

Aus dem Mehl, der Milch, etwas Salz und Kümmel einen Brei zubereiten. Die Kartoffeln schälen und schnell raspeln, damit sie nicht verfärben. In ein Tuch geben und die Flüssigkeit ausdrücken. Anschließend mit dem Mehlbrei vermischen und in dem heißen Öl drei Kartoffelpfannkuchen braten. Warm essen.

Bratkartoffeln aus rohen Kartoffeln

250 g Kartoffeln / 2 Eßl. Öl / Salz

Die Kartoffeln schälen, in Scheiben schneiden und eine halbe Stunde lang in reichlich Wasser mit etwas Salz ziehen lassen. Anschließend die Kartoffelscheiben abtropfen lassen und mit einem sauberen Geschirrtuch abtrocknen. Das Öl in einer Pfanne erhitzen, die Kartoffeln hineinlegen und mit einem Deckel (oder mit einem Teller) auf der Pfanne ungefähr 10 Minuten langsam gar werden lassen. Erst dann den Deckel von der Pfanne nehmen und die Kartoffelscheiben von beiden Seiten braun braten, sie müssen dabei ab und zu gewendet werden.

Nach Geschmack mit Salz bestreuen.

Reibekuchen

250 g Kartoffeln / 1/2 Ei / 1 kl. Zwiebel / 1 Knoblauchzehe / 1 gestrichener Eßl. Mehl / Öl zum Braten

Die Kartoffeln schälen, schnell raspeln und sofort mit dem verquirlten Ei, dem Mehl, den sehr fein gehackten Zwiebeln und dem Saft der Knoblauchzehe vermischen. Das Öl in einer Pfanne erhitzen und die Hälfte des Teigs darin braten wie einen dicken Pfannkuchen.

Den Reibekuchen warm halten, den Rest braten und mit frischem Salat oder Kräuterquark aufessen, solange sie noch knusprig sind.

Kartoffeln in Weinsauce

200 g Kartoffeln / 150 ml vegetarische Brühe / 100 ml Rotwein / 2 Eßl. Mehl / 2 Eßl. Butter oder Margarine / 1/2 Eßl. feingehackte Zwiebel / 1 Eßl. feingehackte Petersilie und Sellerie

Die Butter in einem großen Topf schmelzen und die Zwiebelstückchen darin anbraten, aber nicht braun werden lassen. Das Mehl darunterrühren und unter ständigem Umrühren ganz leicht verfärben lassen. Anschließend den Topf vom Herd nehmen und die heiße Brühe dazugießen. Unterdessen ständig mit dem Schneebesen umrühren, bis alles ohne Klümpchen gebunden ist. Erst dann den Wein hinzufügen und das Ganze nach Bedarf mit etwas Pfeffer und Salz abschmecken. Die Kartoffeln pellen und in Würfel schneiden. Die Kartoffeln in der aromatischen Weinsauce auf kleiner Flamme in ungefähr 25 Minuten gar werden lassen. Dabei hin und wieder umrühren, damit sie nicht anbrennen. Mit einem kalten Salat von weißen oder braunen Bohnen hat man so eine herrliche Mahlzeit zubereitet.

Fritierte Kartoffeln

Diejenigen, die auf einer Herdplatte im Wohn- und Schlafzimmer kochen müssen, sollten sich das Fritieren besser aus dem Kopf schlagen. Während des Fritierens verdampft Fett, das sich in winzigen Tröpfchen im ganzen Raum absetzt. Die Gefahr, daß das Zimmer danach wie eine Frittenbude riecht, ist groß.

Für die, die eine Küche mit Dunstabsaugvorrichtung haben, folgt ein Abschnitt über das Fritieren von Kartoffeln.

Pommes Frites

250 g Kartoffeln / Fritieröl / Salz

Die Kartoffeln schälen, in dicke Scheiben und diese wiederum in Streifen schneiden. Diese Kartoffelstreifen eine halbe Stunde lang in reichlich Wasser mit etwas Salz ziehen lassen und anschließend abtropfen lassen und mit einem sauberen Geschirrtuch abtrocknen. Öl in einem Fritiertopf (oder in einer tiefen Pfanne mit dickem Boden) erhitzen. Einen Teil der Kartoffeln hineinschütten und goldbraun braten. Wenn sie aus dem Öl geholt werden, sollten sie auf einen mit saugfähigem Papier ausgelegten Teller gelegt werden, der beispielsweise auf einem Topf mit heißem Wasser steht, damit das Fett abtropfen kann und die Pommes Frites warm bleiben. Auf diese Weise werden alle Kartoffeln fritiert und dann sofort aufgegessen.

Nach den Regeln der wahren Kochkunst werden die Pommes Frites zweimal fritiert: das erste Mal, bis sie gar sind, das zweite Mal in sehr heißem Öl, bis sie knusprig und goldbraun sind. Aber das ist für so kleine Mengen doch etwas zuviel verlangt.

Chips

200 g Kartoffeln / Fritierfett / Salz

Die Kartoffeln schälen und mit Hilfe beispielsweise einer Gurkenreibe hauchdünne Scheiben davon abschaben. Diese eine Viertelstunde lang in reichlich Wasser mit Salz ziehen und anschließend abtropfen lassen. Die Scheiben abtrocknen und dann in heißem Fritierfett schnell knusprig und goldbraun braten. Jetzt müssen sie nur noch auf saugfähigem Papier und an einem warmen Ort abtropfen. Sie können entweder sofort aufgegessen werden oder mit Salz bestreut abkühlen und später als Salzgebäck verzehrt werden. Chips können auch gut bis zum nächsten Tag aufbewahrt werden.

Schneller Kartoffelkuchen

1 große Kartoffel, weichkochend / 1 Eßl. Öl / Pfeffer und Salz

Die Kartoffel schälen und mit einer groben Reibe raspeln. Sofort Öl darübergießen, um Verfärbung zu verhindern. Eine Viertelstunde mit einem Teller abgedeckt stehen lassen. Dann mit etwas Pfeffer und Salz bestreuen, die Masse in eine erwärmte Pfanne gießen und auf kleiner Flamme erst die eine, dann die andere Seite knusprig braunbraten. Dabei ist vor allem wichtig, daß der Kartoffelkuchen langsam brät, da er auch von innen weich und gar werden muß.

Gemüse — einmal anders

Die einfachste Zubereitungsweise von Gemüse ist allgemein bekannt: zuerst putzen, dann z.B. Kohl feinschaben, Knollen in Stücke schneiden und Blattgemüse eventuell auch etwas feiner schneiden. Anschließend in möglichst wenig Wasser schnell kochen oder in Butter oder Margarine schmoren. Eine Ausnahme bilden Blumenkohl und Brokkoli, die in reichlich Wasser gekocht werden.

Stampfkartoffelgerichte sind ebenfalls sehr einfach zuzubereiten: zuerst wird ein festes Püree aus frischgekochten Kartoffeln hergestellt (siehe voriges Kapitel), und kurz vor dem Essen werden gewaschene und feingeschnittene Rübstiele, Spinat, Endivien, Brennesselspitzen, das Grün von Radieschen untergemischt. Das Ganze wird noch einmal kurz erhitzt, und dann kann gegessen werden.

Von diesen Gemüsesorten nimmt man 100 g pro 300 g Kartoffeln. Für Stampfkartoffeln mit gekochtem Gemüse kocht man zuerst die Kartoffeln und das Gemüse getrennt voneinander und stampft anschließend alles zusammen in einem Verhältnis von 200 g Gemüse auf 300 g Kartoffeln. Geeignete Gemüsesorten dafür sind Grünkohl, Weißkohl, eine Mischung von Möhren und Zwiebeln.

Im Folgenden wird eine Anzahl von Rezepten aufgeführt, in denen speziellere und sehr schmackhafte Zubereitungsweisen von Gemüse beschrieben werden.

Endivien mit Tomaten

200 g Endivien / 100 g Tomaten / etwas Butter oder Margarine / Salz, Pfeffer, Muskatnuß

Endivien waschen und klein schneiden. Etwas Butter in einem Topf erwärmen und die Endivien kurz anschmoren. Die Tomaten abschälen, nachdem sie kurz in kochendem Wasser gelegen haben. Die Kerne entfernen, in Stücke schneiden und zu den Endivien geben. Alles im offenen Topf kurz weiterschmoren, damit die überschüssige Flüssigkeit verdampfen kann. Mit Pfeffer, Salz und Muskatnuß würzen. Dieses Gericht läßt sich mit Reis oder Kartoffeln kombinieren.

Gebratene Auberginen

1 kleine Aubergine / 1 kl. Knoblauchzehe / Pfeffer, Salz, Petersilie / 1 1/2 Eßl. abgetropfter Joghurt / Öl zum Braten

Die Aubergine waschen, aber nicht schälen. Dann in 1 cm dicke Scheiben schneiden und mit Salz bestreuen. Das Salz eine Stunde einziehen lassen, danach das Salz und die Flüssigkeit abspülen und die Scheiben sorgfältig trocknen. Öl in einer Pfanne erhitzen und die Auberginenscheiben an beiden Seiten braunbraten. Warmhalten und inzwischen im gleichen Öl die feingehackte Knoblauchzehe schmoren (oder einen Eßlöffel Zwiebeln, wenn man Knoblauch nicht mag). Den Joghurt hinzufügen, mit Salz und Pfeffer abschmecken und mit Petersilie bestreuen. Die Sauce über die Auberginen gießen und mit Reis oder Hirse essen.

Gebratener Blumenkohl

1/2 Blumenkohl / 1 Ei / etwas Mehl / Paniermehl / Butter und/oder Öl zum Braten

Die Blumenkohlröschen in Wasser mit etwas Salz kochen, bis sie fast gar sind. Abtropfen lassen und das Kochwasser für Suppe aufbewahren oder einfach so trinken, denn es enthält viele kostbare Minerale. Das Ei mit etwas Wasser oder Milch verquirlen. Die Blumenkohlröschen erst in Mehl wälzen, dann im zerquirlten Ei auf einem Teller und anschließend in Paniermehl.

Öl und/oder Butter in einer Pfanne erhitzen und die Röschen an beiden Seiten goldbraun braten.

Dazu Bratkartoffeln oder Reis mit Mayonnaisesauce reichen.

Grünkohl nach dänischer Art

250 g geschnittener Grünkohl / 1/2 Eßl. Butter / 1/2 Eßl.Mehl / 3 Eßl. Kochwasser vom Grünkohl mit vegetarischer Brühe / 3 Eßl. Sahne

Den gründlich gewaschenen, vom Strunk getrennten und feingeschnittenen Kohl in Wasser mit etwas Salz ungefähr 30 Minuten garkochen. Abtropfen lassen und einen Teil des Kochwassers für die Sauce verwenden. Der Rest kann getrunken werden.

Die Butter in einem Topf erwärmen und das Mehl hinzufügen, den Topf vom Feuer nehmen und die heiße Brühe unter ständigem Umrühren dazugießen. Das Ganze 5 Minuten lang leicht kochen, den abgetropften Kohl darunterrühren, mit etwas Pfeffer abschmecken und dann erst die Sahne darübergießen.

Rote Bete mit Meerrettich

200 g gekochte Rote Bete / 2 Eßl. abgetropfter Joghurt / 2 Tl. gemahlener Meerrettich / Zitronensaft, Salz, Pfeffer

Die vorgekochten rote Bete raspeln und mit dem abgetropften Joghurt und dem Meerrettich mischen. Mit Pfeffer, Salz und etwas Zitronensaft abschmecken. Das Gemisch warm werden lassen und zu Kartoffelpüree mit gekochtem Ei reichen. Wenn keine Meerrettichwurzel vorhanden ist, kann man auch geriebene Apfelsinenschale unter den Joghurt rühren.

Gekochter Reis paßt sehr gut zu diesem Gericht.

Gedünstete Zuccini

200 g Zuccini / etwas Butter / Salz, Pfeffer / 1 Eßl. feingeschnittenes Grün: Sauerampfer mit Petersilie, feingehackter Dill oder feingehackte Minze nach Wahl

Die Zuccini schälen (nur kleine, dünne Zuccini, da diese am besten schmecken. Die großen, dicken haben viel weniger Geschmack) und in schöne Würfel schneiden. Butter in einem Topf erwärmen, die Zuccini hineinlegen und kurz schmoren lassen, dann etwas Wasser, Pfeffer und Salz hinzufügen. Den Topf verschließen und das Gemüse ungefähr 10 Minuten garen.

Zum Schluß die grünen Kräuter darüberstreuen.

Gedünstete Gurken

1/2 Gurke (die andere Hälfte für den nächsten Tag aufheben, für Salat oder als Brotbelag) / etwas Butter / Pfeffer, Salz, Dillspitzen (wenn kein frischer Dill vorhanden ist, kann man auch getrockneten nehmen)

Die Gurken schälen und halbieren, entkernen und in kleine Würfel schneiden.

Etwas Butter in einem Topf erwärmen, die Gurkenstücke hinzufügen, kurz umrühren, den Topf mit einem Deckel verschließen und die Gurke ungefähr 12 Minuten garen. Mit Pfeffer und Salz abschmecken und die Dillspitzen oder gehackte Petersilie darüberstreuen. Dieses mild schmeckende Gemüse paßt zu Omelett, Reis oder Kartoffelpüree.

Rotkohl

250 g feingeschnittener Rotkohl / 1 kleine Zwiebel / Zitronensaft, Apfelsinensaft / 1 Nelke / 1 Apfel / etwas Honig

Den feingeschnittenen Rotkohl in Apfelsinensaft mit etwas Zitronensaft, einer Nelke, dem geschälten, in Stücke geschnittenen Apfel und der kleingeschnittenen Zwiebel in ungefähr 25 Minuten garkochen.

In den letzten 5 Minuten das Gemüse im offenen Topf kochen, damit die überschüssige Flüssigkeit verdampfen kann. Mit Honig abschmecken und Reis oder Kartoffeln dazuessen.

Brechbohnen mit gerösteten Semmelbröseln

250 g Brechbohnen / 1 Eßl. Butter und/oder Öl / 2 Eßl. grobe Semmelbrösel / 1 hartgekochtes Ei, gepellt und feingehackt / Pfeffer, Salz, Muskatnuß, Bohnenkraut

Die gewaschenen, geputzten und in Stücke geschnittenen Bohnen in wenig Wasser mit etwas Salz in ungefähr 30 Minuten garkochen. Zusammen mit dem Bohnenkraut, sofern vorhanden, abtropfen lassen und das Kochwasser für Suppe oder Sauce aufheben oder auch sofort trinken, damit keine wertvollen Minerale verlorengehen.

Butter und/oder Öl in einer Pfanne erhitzen und unter Umrühren die Semmelbrösel hinzufügen. Solange bei niedriger Flamme umrühren, bis die Semmelbrösel aromatisch duften und hellbraun und heiß sind. Dann werden die Semmelbrösel über die abgetropften Bohnen gestreut, ebenso das feingehackte Ei. Zum Schluß mit Pfeffer und Muskatnuß würzen.

Rosenkohl mit Joghurt

300 g Rosenkohl / Pfeffer, Salz / 2 Eßl. abgetropfter Joghurt

Den Rosenkohl putzen und 10 Minuten lang in wenig Wasser mit etwas Salz kochen, bis er fast gar ist. Das Kochwasser abgießen und aufheben oder sofort trinken. Anschließend den abgetropften Joghurt hinzufügen und vorsichtig umrühren, bis der Rosenkohl den Joghurt fast aufgenommen hat. Mit Pfeffer und Salz würzen und dazu Reis oder Kartoffelpüree essen.

Lauch, gratiniert

400 g Lauch / 1 Tl. Mehl / etwas Salz, Pfeffer / 1 Tl. Essig / 75 g Käse in Scheiben

Den Lauch putzen, in Längsrichtung halbieren und in 2-3 cm dicke Streifen schneiden. Mit etwas Wasser und Salz aufsetzen und etwa 7 Minuten kochen lassen. Das Mehl mit etwas Wasser zu einem Brei verrühren. Den Lauch im Topf zur Seite schieben und den Mehlbrei in die Kochflüssigkeit gießen. Gut umrühren, bis die Flüssigkeit gebunden ist. Dann die Mehlsauce mit dem Gemüse vermischen. Mit Pfeffer und etwas Essig abschmecken. Zum Schluß das Gemüse mit dem Käse belegen und im geschlossenen Topf noch etwa 3-5 Minuten kochen lassen.

Gebratene Möhren

200 g Möhren (kleine junge oder auch Wintermöhren) / Salz / Petersilie / Öl zum Braten

Die Möhren sorgfältig putzen und in ungefähr 1 cm dicke Scheiben schneiden. Dann die Möhrenscheiben ungefähr 7 Minuten in wenig Wasser mit etwas Salz kochen, bis sie fast gar sind. Gut abtropfen lassen, das Kochwasser kann sofort getrunken werden. Die abgetropften Möhrenscheiben werden mit einem Geschirrtuch sorgfältig abgetrocknet.

Etwas Öl in einer Pfanne erhitzen und die Scheiben auf beiden Seiten braun braten.

Zum Schluß werden die Möhren mit etwas Salz und Pfeffer bestreut und zu Reis gegessen. Noch besser schmeckt das beträufelt mit etwas Zitronensaft und mit einem frischen Salat.

Weißkohl, süßsauer

250 g feingeschnittener Weißkohl / 1 Eßl. Essig oder Zitronensaft / 2 Eßl. Wasser / 1/2 Eßl. Honig / Salz, Pfeffer / 1 Eßl. Butter und/oder Öl / 1/2 Kartoffel

Die Butter in einem Topf schmelzen und den feingeschnittenen Weißkohl dazugeben. Kurz schmoren lassen und dann das Gemisch von Essig oder Zitronensaft und Wasser sowie etwas Salz und Pfeffer dazugeben. Das Ganze im verschlossenen Topf ungefähr 20 Minuten lang kochen, bis es fast gar ist. Honig und die geschälte, geraspelte Kartoffel hinzufügen. Nach weiteren 10 Minuten Kochzeit ist alles gebunden und kann serviert werden.

Sauerkraut, einmal anders

200 g Sauerkraut / 1 Apfel / 1 kleine Zwiebel / etwas Öl / 1/2 Tl. Kümmel / Butter und/oder Öl

Das Öl und/oder Butter in einer Pfanne erhitzen, den Kümmel darin ‚springen' und aromatisch werden lassen und dann die geschälte, feingehackte Zwiebel und den geschälten Apfel hinzufügen und zum Schluß das Sauerkraut und etwas Wasser dazugeben.

Das Sauerkraut in dem verschlossenen Topf in ungefähr 25 Minuten gar werden lassen.

Mit Kartoffeln servieren.

Auch Salat gehört dazu

Gemüse schmeckt oft am besten roh in Form von frischen Salaten. Für diejenigen mit beschränkten Kochmöglichkeiten hat Salat außerdem den Vorteil, daß bei der Zubereitung nicht gekocht werden muß. Einfach nur Waschen, abtropfen lassen, eventuell kleinschneiden und in eine Schüssel legen und mit einer Salatsoße anmachen.

Doch dabei gibt es Ausnahmen: Kartoffelsalat wird immer nur aus gekochten Kartoffeln (Rezept auf Seite 51) zubereitet.

Auch Salate aus Hülsenfrüchten werden aus gekochten Hülsenfrüchten hergestellt, und Salate aus feingeschnittenem Rot-, Weiß- oder Rosenkohl schmecken am besten, wenn man das Gemüse vorher kurz blanchiert. Beim Blanchieren gießt man soviel kochendes Wasser auf den Kohl, daß er bedeckt ist. Nach dem Abkühlen gießt man das Wasser ab und bereitet den Kohl auf gewohnte Weise mit einer Salatsauce zu.

Kohlsalat gewinnt an Geschmack und wird leichter verdaulich, wenn man einen Teelöffel Kümmel darüber streut, *bevor* man ihn mit kochendem Wasser übergießt. Der Kümmel wird nicht mit abgegossen, er bleibt im Salat.

Jetzt aber zunächst einmal etwas zum Thema *Salatsaucen*.

Vinaigrette

Die einfachste Salatsauce, die nie langweilig wird, zu allen Gemüsesorten paßt und von der man gleich einen größeren Vorrat für mehrere Mahlzeiten zubereiten kann, ist die Vinaigrette.

Man benötigt eine Flasche mit einem gut schließenden Verschluß, die gründlich gereinigt ist. Sie wird gefüllt mit:

3 Teile Öl (z.B. Sonnenblumenöl) / 1 1/2 Teile Naturessig / etwas Salz, Pfeffer, evtl. etwas Zucker / 1 Tl. Senf

Die Flasche wird mit den Zutaten im obengenanntem Verhältnis gefüllt, bis sie fast voll ist. Sie wird verschloßen und kräftig geschüttelt. Dadurch vermischt sich das Öl mit dem Essig, und es entsteht ein dickflüssiges Gemisch, das man über den Salat gießen kann.

Diese Vinaigrette ist wochenlang haltbar. Man darf nur keine feingehackte Zwiebel oder Knoblauch untermischen, da die Sauce dann nach ein paar Tagen ihr feines Aroma verliert. Zwiebeln und/oder Knoblauch werden aus diesem Grunde erst im letzten Augenblick in den Salat gegeben.

Vor allem für diejenigen, die wenig Platz haben, ist die Vinaigrette die einfachste Salatsauce. Immer zur Hand, immer fertig.

Salatsauce mit Ei

1 hartgekochtes Ei / 1/2 Tl. Senf / 3 Eßl. Öl / 1 1/2 Eßl. Essig oder Zitronensaft / Pfeffer, Salz, evtl. etwas Zucker

Das Ei sehr fein zerdrücken, Senf, Salz, Pfeffer und eventuell Zucker hinzufügen und dann erst unter langsamem Umrühren das Öl hinzugeben. Zum Schluß noch den Essig untermischen.

Diese Salatsauce kann ein paar Tage lang in einem gut verschlossenen Behälter an einem kühlen Ort aufbewahrt werden, jedoch nicht außerhalb des Kühlschranks wie die Vinaigrette.

Salatsauce mit Quark oder abgetropftem Joghurt

2 Eßl. Quark oder abgetropfter Joghurt / 1/2 Eßl. sehr fein geschnittene Zwiebel / 1/2 Eßl. Zitronensaft / 1 Eßl. Sonnenblumenöl / Salz, Pfeffer, eventuell etwas Sojasauce

Den abgetropften Joghurt oder den Quark sorgfältig mit dem Zitronensaft verrühren. Pfeffer und Salz nach Geschmack hinzufügen, eventuell noch etwas Sojasauce, und zum Schluß das Öl darunterrühren. Kurz vor dem Verzehr das Ganze mit feingeschnittener Zwiebel vermischen.

Salatsauce mit Mayonnaise

Wer Mayonnaise im Haus hat, kann sehr schnell eine Salatsauce zubereiten. Man verwendet dabei:

1 Teil abgetropften Joghurt / 1 1/2 Teile Mayonnaise

Eventuell noch etwas Pfeffer, Salz, Zucker, feingeschnittene Zwiebel oder grüne Kräuter hinzufügen, je nach Geschmack.

Für alle grünen Salate benötigt man ungefähr 100 g Salat pro Person. Es ist sinnvoll, wenn man den Salat schon morgens wäscht und mit dem nicht abgetropften Wasser in eine hochwandige Schüssel legt. Abends kann man dann das Wasser, das abgetropft ist, einfach wegschütten, ohne daß man mit Sieben und ähnlichem hantieren muß. Die Blätter sind nach wenigen Stunden trocken und können sofort mit der Salatsauce angerichtet werden.

Alle grünen Salate werden erst während der Mahlzeit mit der Salatsauce vermischt. Dann schmecken sie am besten, und die Blätter bleiben knackig.

Chicoreesalat

Dieser Salat schmeckt am besten, wenn er mit anderen Zutaten kombiniert wird.

100 g Chicoree, feingeschnitten / 1/2 geraspelter Apfel (der sofort mit der Salatsauce vermischt wird, damit er nicht verfärbt) / 1/2 Eßl. feingehackte Nüsse

Alle Zutaten gut vermischen.

Kohlsalat

100 g sehr feingeschnittener Kohl / 1 Tl. Kümmel / kochendes Wasser / Salatsauce

Den feingeschnittenen Kohl und den Kümmel mit kochendem Wasser übergießen. Abkühlen lassen und mit der gewünschten Salatsauce vermengen. Kohlsalat kann notfalls auch einen Tag vor dem Verzehr angemacht werden. Man kann diesen Salat also gleich für zwei Tage zubereiten und den Rest bis zum nächsten Tag in einem gut verschlossenen Behälter aufbewahren.

Knollenselleriesalat

100 g geschälte, in Würfel geschnittene Knollensellerie, z.B. Reste von gekochtem Sellerie, von dem man schon eine Suppe zubereitet hat /
1/2 Apfel / Salatsauce nach Wunsch

Dieser Salat kann auch am Vortag zubereitet werden, z.B. gleich nach den Kochen der Sellerieknolle.

Sauerkrautsalat

75 g Sauerkraut, abgetropft und feingeschnitten / 1/2 Apfel, feingeraspelt / 1/2 Eßl. gehackte Nüsse / Salatsauce

Das feingeschnittene Sauerkraut sofort mit dem geraspelten Apfel vermischen, um eine Verfärbung des Apfels zu verhindern. Etwas Salatsauce unterrühren und streue die gehackten Walnüsse darüberstreuen. Auch dieser Salat kann ohne weiteres ein oder zwei Tage lang in einem gut verschlossenen Behälter an einem kühlen Ort aufbewahrt werden.

Paprikasalat

1 rote, gelbe oder grüne Paprika / Salatsauce

Die gewaschene Paprikaschote halbieren, entkernen, in kleine, gleichgroße Würfel schneiden. Die Würfel entweder sofort mit der Salatsauce übergießen oder zuerst blanchieren, d.h. mit kochendem Wasser übergießen, das nach dem Abkühlen abgegossen wird. Dadurch erhält die Paprika einen milden Geschmack und wird weicher.

Tomatensalat

1 große Tomate / Salatsauce / 1 Eßl. feingeschnittene Zwiebel

Die Tomate kurz in kochendes Wasser tauchen und dann schälen und in Scheiben schneiden. Etwas Salatsauce nach Wunsch darübergießen und den Salat großzügig mit Zwiebelstückchen bestreuen. Das ist sehr lecker.

Gurkensalat

1 Stück Gurke (100 g) / Pfeffer, Salz, Zitronensaft / falls vorhanden, feingehackte Dillspitzen oder etwas feingehackter Schnittlauch

Die Gurke waschen und in dünne Scheibchen hobeln. Die Scheiben mit Salz bestreuen und mindestens eine halbe Stunde lang in einer Schüssel ziehen lassen. Die überschüssige Flüssigkeit abgießen (das ist zwar schade, aber der Salat schmeckt so viel besser), und den Salat vor dem Verzehr mit etwas Zitronensaft, Pfeffer und grünen Kräutern vermischen. Kein Öl verwenden, da die Gurke so viel besser verdaulich ist.

Wenn man das Öl nicht missen will: man kann auch Gurkensalat zubereiten, indem man die Scheibchen kurz vor dem Essen mit einer Salatsauce nach Wunsch anmacht.

Salat aus Hülsenfrüchten

100 g gekochte, abgetropfte Hülsenfrüchte nach Wahl / 1 kleine Zwiebel / 1 kl. Gurke / Salatsauce nach Wunsch, aber Vinaigrette schmeckt am besten!

Die abgetropften Hülsenfrüchte mit genügend Salatsauce vermischen, um einen frischen Geschmack zu erhalten. Die Zwiebel sehr fein hacken, ebenso die Gurke und beides mit den Hülsenfrüchten vermischen. Dieser Salat kann ohne weiteres ein oder zwei Tage an einem kühlen Ort aufbewahrt werden.

Sauce ist nicht gleich Sauce

Saucen spielen eine wichtige Rolle in der vegetarischen Küche. Es gibt viele verschiedene Saucen, die alle unterschiedlich schmecken. Dabei muß man beachten, daß eine Sauce, die zum einen Gericht vorzüglich schmeckt, zu einem anderen möglicherweise überhaupt nicht paßt. Man muß daher sehr auf Kombinationen achten.

Im allgemeinen kann man milde, helle Saucen am besten mit ebenfalls mild schmeckenden Gerichten wie Stampfkartoffeln mit frischem grünen Gemüse, Kartoffelpüree mit mild schmeckendem Gemüse, Reis mit Omelett oder gebratenem Käse kombinieren.

Dunkle herzhafte Saucen passen zu herzhaften Gerichten, z.B. zu Kartoffeln mit Gemüse, das einen starken Eigengeschmack hat, wie Rosenkohl, verschiedene Kohlsorten, Zwiebeln usw.

Tomatensauce paßt zu allen gekochten Teigwaren, schmeckt aber auch sehr gut zu Reis, zu Hirse oder Buchweizen, und Käsesauce wird ebenso wie die helle Sauce mit milden Gerichten kombiniert.

Süßsaure Saucen wie Rosinensauce schmecken gut zu süßsauren Gemüsesorten wie Rote Bete, Rotkohl oder süßsauer zubereitetem Weißkohl.

Unter Berücksichtigung dieser Hinweise kann sich jeder eventuell gleich die dreifache Portion von einer Sauce zubereiten. Diese kann dann in einem gut verschlossenen Marmeladenglas ungefähr vier Tage an einem kühlen Ort aufbewahrt werden.

In diesem Fall richtet man sich bei der Wahl des Hauptgerichts nach der vorhandenen Sauce, wie am folgenden Beispiel deutlich wird:

Wir bereiten die dreifache Menge Tomatensauce zu. Am ersten Tag essen wir die Sauce zu gekochten Makkaroni mit geraspeltem Käse, am zweiten Tag zu gekochtem Reis mit Endiviensalat, und am dritten Tag zu Kartoffeln mit gekochtem Chicoree, der sich hervorragend mit Tomatensauce kombinieren läßt.

So kann man für jede Sauce die verschiedensten Kombinationen entdecken. Jeder nach seinem Geschmack. Und die Erdnuß- oder Nußsaucen lassen sich mit fast allen Kartoffel- und Getreidegerichten kombinieren.

Und jetzt zu den Rezepten:

Helle Sauce (Bechamelsauce), für drei Mahlzeiten

3 Eßl. Butter oder Margarine / 2 Eßl. Mehl / 150 ml Milch / 200 ml Gemüsebrühe / Nelken, Thymian, Lorbeer, Pfeffer, Salz / eventuell ein Eidotter

Die Milch mit der Brühe und den Gewürzen ungefähr eine Viertelstunde lang ziehen lassen.

Die Butter oder Margarine in einem großen Stieltopf erwärmen und unter Umrühren das Mehl dazugeben. Alles unter ständigem Umrühren schmoren lassen, dann den Topf vom Feuer nehmen und die heiße Brühe-Milch-Mischung hinzugießen, aus der vorher die Gewürze herausgesiebt worden sind.

Alles wieder auf den Herd stellen, dabei weiter umrühren und das Gemisch 7 Minuten durchkochen lassen. Wenn die Sauce zu dick ist, gibt man etwas Milch hinzu. Falls gewünscht, kann man die Sauce noch anreichern, indem man in der Saucenschüssel einen Eidotter verquirlt und die heiße Sauce darüber gießt. Dann kann man die Sauce allerdings nicht mehr aufwärmen.

Grüne Sauce

In einen Teil der Bechamelsauce (siehe voriges Rezept, ohne Eidotter) werden 1 1/2 Eßl. feingeschnittene grüne Kräuter wie Petersilie, Sellerie, Kerbel und Estragon eingerührt. Das ganze mindestens 2 Minuten ziehen lassen.

Meerrettichsauce

Zu einem Teil der Bechamelsauce wird 1/2 Eßl. feingemahlener Meerrettich dazugegeben. Das Ganze wird mit etwas Zitronensaft abgeschmeckt und zu einem herzhaften Gericht, z.B. zu einem Kohlgericht oder zu gekochten Hülsenfrüchten, serviert.

Albertsauce

Den Topf mit einem Teil der Bechamelsauce vom Feuer nehmen und 1/2 Eßl. feingeschnittene Silberzwiebeln, 1 Tl. Senf, 1 Tl. feingeraspelte Meerrettichwurzel und 1/2 Eßl. Petersilie unterrühren.

Diese erfrischende, scharfe Sauce paßt gut zu Rote Bete, gekochten Kohlrüben, Knollensellerie, aber auch zu gekochtem Reis.

Tomatensauce

In einem Teil der Bechamelsauce werden 1 1/2 Eßl. Tomatenmark und 1 Eßl. Sahne eingerührt.

Das Ganze wird erwärmt, aber nicht gekocht und mit Pfeffer, Oregano, Salz und eventuell etwas Zucker abgeschmeckt.

Sehr lecker zu gekochten Teigwaren, gekochtem Reis und Kartoffelpüree mit Omelett.

Braune Sauce

Braune Sauce ähnelt den hellen Saucen. Sie wird auch auf der Grundlage einer Mehlschwitze zubereitet, nur wird die Mehlschwitze in diesem Fall länger erhitzt, so daß das Mehl dunkler wird. Außerdem werden oft kräftige Gewürze beigefügt.

3 Eßl. Butter und/oder Öl / 2 Eßl. Mehl / 400 ml herzhafte Gemüsebrühe, in der man eventuell 1 Nelke, 1 Stückchen Lorbeerblatt und eine Prise Thymian hat ziehen lassen.

Das Öl und/oder die Butter in einem großen Stieltopf erwärmen und das Mehl hinzufügen. Alles unter ständigem Umrühren langsam goldbraun werden lassen, auf keinen Fall jedoch dunkler. Sonst wird die Sauce bitter. Dann den Topf vom Herd nehmen und die herzhafte Brühe dazugeben. Währenddessen alles mit dem Schneebesen schlagen und den Topf wieder auf das Feuer setzen und die Sauce 7 Minuten ganz leicht kochen lassen. Dabei aufpassen, daß die Sauce nicht anbrennt.

Herzhafte Tomatensauce

In einen Teil der braunen Sauce werden 2 Eßl. Tomatenmark eingerührt. Das Ganze wird erwärmt, aber nicht mehr gekocht.

Currysauce

1 Apfel / 1 Eßl. feingehackte Zwiebel / 2 Eßl. Curry / 3 Eßl. Butter und/oder Öl / 2 Eßl. Mehl/ 400 ml vegetarische Brühe

Das Öl und/oder die Butter in einem großen Stieltopf erhitzen, die Zwiebel dazugeben und das Ganze schmoren, bis die Zwiebel glasig ist. Dann den Curry hineinstreuen, anschließend den geschälten und geraspelten Apfel. Auch den Apfel kurz schmoren lassen und erst dann das Mehl darunterrühren. Nur leicht bräunen, jedoch nicht zu dunkel werden lassen und den Topf vom Feuer nehmen. Unter ständigem Schlagen mit dem Schneebesen die kochendheiße Brühe hinzufügen. Den Topf wieder auf den Herd stellen, ab und zu umrühren und die Sauce weitere 7 Minuten köcheln lassen.

Currysauce mit Rosinen

1 Zwiebel / 2 Tl. scharfer Curry / 3 Eßl. Öl und/oder Butter / 2 Eßl. Mehl / 2 Eßl. Rosinen (die vorher eingeweicht worden sind) / 400 ml kräftige vegetarische Brühe

Die Zwiebel schälen und feinhacken. Öl und/oder Butter in einem großen Stieltopf erhitzen, die feingehackte Zwiebel hinzufügen und glasig werden lassen. Anschließend Curry hineinstreuen und danach erst das Mehl.

Das Mehl unter ständigem Umrühren leicht bräunen, aber nicht anbrennen lassen, den Topf vom Feuer nehmen und die heiße Brühe dazugießen. Die abgetropften, eingeweichten Rosinen hinzugeben und alles 7 Minuten lang leicht kochen. Sehr lecker zu Getreidegerichten und verschiedenen Kohlsorten oder zu Rote Bete.

Erdnußsauce

1 große Zwiebel / 1 Eßl. Öl / 5 Eßl. Erdnußbutter / 2 Eßl. Sojasauce / etwas gemahlenen Ingwer oder ein Stück kandierter Ingwer / 1 kleines Lorbeerblatt / Salz, Zitronensaft und eventuell 1/2 Eßl. Sambal Olek, was die Sauce allerdings sehr scharf macht, und nicht jedem schmeckt / 400 ml vegetarische Brühe

Das Öl in einem großen Stieltopf erhitzen, die geschälte und sehr fein gehackte Zwiebel hinzufügen und im Öl glasig werden lassen. Anschließend die Erdnußbutter dazugeben, den gemahlenen Ingwerpuder oder ein feingehacktes Stückchen kandierten Ingwer, die heiße Brühe, das Lorbeerblatt und die Sojasauce.

Alles ungefähr 12 Minuten lang leicht kochen lassen und währenddessen hin und wieder umrühren. Mit Zitronensaft und Salz und eventuell noch mit etwas Sambal abschmecken.

Diese Sauce paßt zu gekochtem Reis, zu Stampfkartoffelgerichten mit Grünkohl oder zu Kartoffeln mit Grünkohl.

Nußsauce

In den Naturkostläden kann man Nußmus kaufen, das man in gleicher Weise wie die Erdnußbutter im vorigen Rezept verwenden kann.

Die Sauce erhält dadurch einen feineren Geschmack und kann daher — ohne Sambal — mit vielen Gemüsegerichten und mit Kartoffeln kombiniert werden, ebenso wie mit gekochtem Reis.

Schnelle Käsesauce

Im Gegensatz zu den anderen Saucenrezepten ist dieses Rezept nur für eine Mahlzeit gedacht. Die Sauce läßt sich nämlich so schnell und einfach zubereiten, daß es kaum lohnt, gleich mehrere Portionen herzustellen.

50 g Weichkäse / 100 ml Milch

Die Milch in einem Stieltopf zum Kochen bringen und unter ständigem Umrühren den Käse hinzufügen. So lange umrühren, bis der Käse aufgelöst ist. Diese Sauce kann zu Reis oder Kartoffeln mit gekochtem Blattgemüse serviert werden.

Sie läßt sich eventuell variieren durch Unterrühren von Schnittlauch, Petersilie oder Sellerie oder durch Hinzufügen von rotem Paprikapulver.

Rosinensauce für eine Mahlzeit

1 Eßl. Butter oder Margarine / 1 Eßl. Mehl / 30 g eingeweichte und abgetropfte Rosinen / 150 ml Milch / vegetarische Brühe / Zitronensaft, evtl. Zucker, Pfeffer / feingeschnittenes Selleriegrün / eventuell Nelken

Die Butter in einem Stieltopf erhitzen, das Mehl hineingeben und leicht bräunen lassen. Den Topf vom Herd nehmen, die heiße Milch mit der darin aufgelösten Brühe dazugießen und den Topf erst dann wieder aufsetzen, wenn alles gut vermischt ist. Die eingeweichten und abgetropften Rosinen hinzufügen und etwas Zitronensaft und eventuell Zucker.

Dann alles 7 Minuten lang auf kleiner Flamme brutzeln lassen.

Zusätzlich mit Nelken würzen, wenn diese Sauce zu roten Beten oder Rotkohl gegessen werden soll. Zu braunen Bohnen, Linsen oder Erbsen wird die Sauce ohne Nelken zubereitet.

Minzesauce

Wer Glück hat und im Sommer an frische grüne Minze kommen kann, der sollte sich auf jeden Fall selbst einmal zu grüner Minzesauce einladen.

2 Eßl. feingehackte Minzeblätter / Saft einer Zitrone / 2 Eßl. Wasser / 2 Eßl. Honig

Die Zutaten gut vermischen und in ein gut verschließbares Marmeladenglas füllen. Diese delikate Sauce paßt zu gekochten Hülsenfrüchten oder zu trockengekochtem Reis. An einem kühlen Ort kann die Sauce 7 Tage aufbewahrt werden.

Gurkensauce

1/2 (kleine) Gurke / 1 Eßl. feingehackte Zwiebel / 1 Tl. Curry / 1 Eßl. Öl / 1 Tl. Senf / 1 Eßl. Mehl / 200 ml scharfe vegetarische Brühe / eventuell 1 Eßl. feingehackter Dill oder Petersilie

Das Öl in einem Stieltopf erhitzen und die feingehackte Zwiebel hinzufügen. Die Zwiebel glasig werden lassen, den Curry dazugeben und anschließend die geschälte, entkernte und in Scheiben gehobelte Gurke. Alles schmoren lassen, bis die Gurke gar ist, und dann das Mehl hineinstreuen. Den Topf vom Herd nehmen und unter ständigem Umrühren die heiße Brühe dazugiessen.

Den Topf wieder aufs Feuer setzen und alles weitere 7 Minuten leicht schmoren lassen. Vor dem Servieren Dillspitzen oder Petersilie darüberstreuen.

Eine sehr schmackhafte Sauce zu neuen Kartoffeln und Reis.

Außer diesen warmen Saucen gibt es auch noch die *kalten Saucen* auf der Basis von Mayonnaise und/oder Quark oder abgetropftem Joghurt.

Alle diese Saucen passen sehr gut zu gebratenen Gerichten, wie gebratenen, panierten Blumenkohlröschen, Bratkartoffeln mit Spiegelei, Kartoffelplätzchen und ähnlichem.

Die Grundlage dieser Saucen ist Mayonnaise, und da die Zubereitung von Mayonnaise nicht immer gelingt, ist es einfacher, sie fertig zu kaufen.

Für den überzeugten Do-it-yourself-Koch folgt hier aber dennoch ein Rezept für hausgemachte Mayonnaise.

Sie wird nur dann gelingen, wenn alle Zutaten die gleiche Temperatur haben. Das Ei sollte also schon morgens aus dem Kühlschrank genommen und neben die Ölflasche gelegt werden.

Außerdem muß das Öl am Anfang Tropfen für Tropfen hinzugegeben werden, da die Mayonnaise sonst gerinnt.

Und so wird es gemacht:

1 Eidotter / Salz, Pfeffer, etwas Senf, eventuell etwas Zucker / 1 1/2 Eßl. Essig / 250 ml Öl

Der Eidotter wird in einer großen Schüssel mit etwas Pfeffer, Salz und Senf verquirlt. Dann wird ein Eßlöffel Essig daruntergeschlagen und unter ständigem Schlagen mit dem Schneebesen das Öl tropfenweise hinzugefügt. Es wird erst dann wieder neues Öl hinzugefügt, wenn das hineingegebene Öl vollkommen aufgenommen ist.

Nach einer Weile wird der Rest des Essigs hineingegossen. Dann wird weiterhin Öl dazugegeben, bis das Öl ganz aufgenommen ist und eine cremeartige goldgelbe Substanz entstanden ist. Die Mayonnaise wird, nachdem sie mit Salz, Pfeffer und eventuell etwas Zucker abgeschmeckt ist, in ein gründlich gesäubertes Marmeladenglas mit einem gut schließenden Deckel gefüllt.

An einem kühlen Ort kann man die Mayonnaise ungefähr 3 Wochen lang aufbewahren. Im Kühlschrank kann sie eventuell gerinnen, es sei denn, man bewahrt sie im Gemüsefach auf. Diese Mayonnaise dient als Grundlage für verschiedene kalte Saucen.

Quarksauce

100 ml Quark / 100 ml Mayonnaise / Zitronensaft / 1/2 Eßl. feingehackte Kräuter oder 1/2 Eßl. Tomatenmark

Alle Zutaten sorgfältig mischen und als Sauce zu gebratenen Gerichten oder zu Salat, der nicht angemacht wird, reichen.

Joghurtsauce

100 ml Joghurt / 100 ml Mayonnaise / Zitronensaft, Honig

Alle Zutaten verrühren und zu gebratenen Gerichten oder Salaten reichen.

Currymayonnaise mit Mandarinen

150 ml Mayonnaise / 1/2 Tl. Curry / 1 Eßl. Mandarinen aus der Dose / 1/2 Eßl. gehackte geröstete Mandeln / 1 Tl. Butter oderMargarine

Die Butter oder Margarine in einer Pfanne erhitzen, die Mandelsplitter hinzufügen und rösten, bis sie goldgelb sind. Den Curry darüberstreuen. Alles abkühlen lassen und Mayonnaise und Mandarinen daruntermischen. Diese Sauce schmeckt ausgezeichnet zu Reis oder zu Chicoreesalat.

Das Omelett, einfach und lecker

Für Leute mit wenig Platz, die nur eine oder höchstens zwei Kochplatten zur Verfügung haben, ist das Omelett eine willkommene Alternative, da es einfach und schnell zubereitet werden kann, mit den unterschiedlichsten Zutaten kombinierbar ist und beinahe unendlich viele Varianten zuläßt.

Herzhafte Omeletts können sehr gut mit Vollkornbrot, Roggenbrot, Knäckebrot oder Baguettes, Salat und eventuell etwas Butter gegessen werden. Sie schmecken aber auch sehr gut zu Kartoffelpüree, Salat oder Gemüse der jeweiligen Jahreszeit, zu gekochtem oder gebratenem Reis und — für Liebhaber von fetten Speisen — zu Bratkartoffeln und Pommes Frites. Süße Omeletts sind ausgezeichnete Nachspeisen nach einem Teller nahrhafter Suppe oder nach einem einfachen Gemüsegericht.

Außerdem läßt sich ein Omelett einfach und schnell zubereiten, ohne daß allzu viel Kochgerüche im Zimmer hängen bleiben und nicht zuletzt ist es sehr preiswert. Eier sind noch immer eine der preiswertesten Eiweißquellen hierzulande, selbst wenn man sich für die etwas teureren Eier von freilaufenden Hühnern entscheidet. Und wer tut das nicht? Wer will, während er ißt und genießt, sich an der Tierquälerei der Agrarindustrie mitschuldig machen, die uns die Eier liefert?

Außer Eiern und einigen anderen Zutaten benötigt man für das Backen des Omeletts eine Pfanne für eine Person, also eine kleine Pfanne, die am besten nur für das Backen von Eiern und eventuell von Pfannkuchen verwendet wird. Dazu eine Schüssel, um das Ei zu verquirlen (die Schüssel darf nicht aus Aluminium sein, da die Eier dann eine gräuliche Färbung annehmen), eine große Gabel oder einen kleinen Schneebesen zum Verquirlen der Eier und einen Pfannkuchenheber oder notfalls ein breites Küchenmesser.

Für das sogenannte gefüllte Omelett wird die Füllung vorher zubereitet und auf einer zweiten Platte oder in einer feuerfesten Schale auf einem Stövchen warmgehalten. Denn wenn das Omelett gebacken ist, muß es sofort gegessen werden.

Will man beispielsweise Reis oder Kartoffelpüree zum Omelett servieren und man hat nur eine einzige Flamme zur Verfügung, dann muß man zuerst den Reis oder die Kartoffeln zubereiten, auf einem Stövchen warmhalten und dann erst das Omelett backen.

Salat als Beilage wirft natürlich keine Probleme auf. Er braucht nicht warmgehalten zu werden und wird kurz vor der Zubereitung des Omeletts angemacht.

Und hier die Rezepte:

Grundrezept Omelett

1 Ei / 1 Eßl. Milch oder Wasser / 1/2 Eßl. Butter oder Margarine / Pfeffer und Salz nach Geschmack

Das Ei mit Milch oder Wasser und Pfeffer und Salz nach Geschmack verquirlen. Butter oder Margarine in der Pfanne schmelzen und heiß, aber nicht braun werden lassen. Die Eier noch einmal kurz umrühren, bevor sie in die Pfanne kommen.

Die Eimasse in die Pfanne gießen und ziemlich schnell stocken lassen. Währenddessen durch schnelle Bewegungen mit dem

Pfannkuchenheber oder mit einem breiten Messer die Masse vom Boden lösen. Dabei muß man dafür sorgen, daß jedesmal wieder eine neue Menge flüssiger Eimasse mit dem Pfannenboden in Berührung kommt und stockt. Das hört sich vielleicht schwierig an, aber in der Praxis ist es kein Problem.

Wenn die Eimasse ganz und gar fest ist, aber noch glänzt, muß man kurz die Farbe des Omeletts auf der Unterseite überprüfen. Die Farbe ist eine Frage des Geschmacks. Dem einen schmeckt ein goldgelbes Omelett am leckersten, der andere bevorzugt ein Omelett, dessen Unterseite gut durchgebacken und hellbraun ist.

Wenn die gewünschte Farbe noch nicht erreicht ist, muß man die Pfanne kurz auf großer Flamme stehen lassen. Währenddessen muß das Omelett hin und her bewegt werden. Wenn es fertig ist, wird es umgeklappt und auf einen — am besten vorgewärmten — Teller gelegt.

Man füllt ein Omelett, indem man die Füllung auf die Hälfte des Omeletts verteilt und es erst dann umklappt.

Wer gerne ein glänzendes Omelett hat, kann dasselbe am Schluß hauchdünn mit Butter bestreichen. Die geschmolzene Butter sorgt für den gewünschten Effekt.

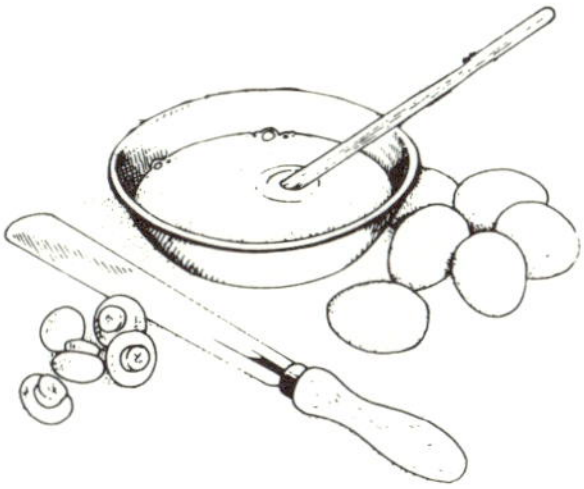

Omelett mit Champignonfüllung

1 Omelett nach Grundrezept / 50 g Champignons / ein Stückchen Zwiebel, sehr fein geschnitten / 2 Tl. Butter oder Margarine / 1 Eßl. Milch / Salz, Pfeffer, Zitronensaft, Petersilie

Die Champignons waschen, in kleine Stücke schneiden und sofort mit etwas Zitronensaft beträufeln. Die Butter in einer Pfanne erwärmen (wenn möglich nicht in der Omelettpfanne) und die sehr feingehackte Zwiebel hineinstreuen. Kurz schmoren lassen, die Champignons hinzufügen und unter Umrühren 5 Minuten garen. Ab und zu etwas Milch oder Sahne dazugeben und die Flüssigkeit wieder verdampfen lassen. Mit Pfeffer und Salz abschmecken. Falls vorhanden, etwas Petersilie darüberstreuen und das Omelett mit diesem Gemisch füllen.

Omelett mit Sauerampfer, Spinat oder Brennesseln

1 Omelett nach Grundrezept / 50 g Sauerampfer, Spinat oder Brennesselspitzen oder eine Mischung daraus / 1 Tl. feingehackter Schnittlauch / 1 Tl. Sahne / etwas Butter oder Margarine / Pfeffer und Salz nach Geschmack

Das Grün kleinschneiden, nachdem es gewaschen ist. Etwas Butter oder Margarine in einer kleinen Pfanne zerlassen, das Gemüse hineingeben und gut umrühren. Die Pfanne mit einem Deckel oder einem Teller zudecken und das Grün auf kleiner Flamme ungefähr 7 Minuten garen. Danach die Pfanne vom Feuer nehmen und die Sahne und den Schnittlauch unterrühren. Mit Pfeffer und Salz abschmecken und alles warmhalten, während das Omelett gebacken wird.

Das Omelett wird zur Hälfte mit der Füllung belegt und dann zusammengeklappt und sofort serviert.

Am besten schmeckt es zu Kartoffelpüree oder Reis.

Omelett mit Salat

1 Omelett nach Grundrezept zubereitet / das Innere eines kleinen Salatkopfs / etwas Butter / 1 Tl. Mehl / 1 Eßl. Sahne / Pfeffer und Salz nach Geschmack

Die äußeren Blätter des Salats für Salatzubereitung oder für gedämpften Salat verwenden und das gelbe Innere für die Omelettfüllung aufheben. Etwas Butter in einer kleinen Pfanne schmelzen, das feingeschnittene Salatinnere hineinlegen und zugedeckt ungefähr 5 Minuten lang ganz leicht schmoren lassen. Dann den Teelöffel Mehl darunterrühren und anschließend unter Umrühren den Eßlöffel Sahne hinzufügen. Alles heiß werden lassen und ganz kurz schmoren, dabei ständig umrühren. Mit Pfeffer und Salz abschmecken und das Gemisch dann auf die eine Hälfte des Omeletts legen. Schmeckt gut zu Kartoffelpüree oder Reis.

Omelett mit Tomaten

1 Omelett nach Grundrezept / 1 abgezogene und in Stückchen geschnittene Tomate / 1/2 Eßl. feingehackte Zwiebel / etwas Knoblauchsaft / Salz, Pfeffer, Thymian, Basilikum / Öl zum Braten der Tomaten

Einen halben Eßlöffel Sonnenblumenöl in einer Pfanne erhitzen und die gehackte Zwiebel und etwas (weniger als eine Messerspitze) Thymian und Basilikum hineinstreuen. Alles kurz schmoren lassen und dann erst die abgezogene und in Stückchen geschnittene Tomate dazugeben (zuerst in kochendes Wasser tauchen, dann die Haut abziehen). Das Ganze dann weitere 5 Minuten schmoren lassen. Mit etwas Knoblauch, Pfeffer und Salz abschmecken.

Das Omelett zur Hälfte damit belegen und zusammenklappen.

Sehr gut zu gebratenem Reis.

Omelett mit Püree aus Eßkastanien

1 Omelett nach Grundrezept / 3 Eßl. Kastanienpüree aus der Dose oder aus gekochten Kastanien, selbst zubereitet / Pfeffer, Salz, vegetarische Brühe / 1/2 Eßl. abgetropfter Joghurt

Wenn man ganze Kastanien verwendet, muß man diese zunächst kreuzweise einschneiden und in reichlich Wasser 30 Minuten lang kochen, schälen und feinstampfen. Kastanienpüree ist auch als Fertigprodukt im Handel erhältlich.

Das Püree mit dem Joghurt mischen, mit Pfeffer, Brühe und eventuell mit Salz abschmecken. Das Ganze kurz aufwärmen und die Hälfte des Omeletts mit der Füllung bestreichen.

Dazu kann man Brot oder noch besser frisch geröstetes Brot servieren.

Omelett mit Sauerkraut

1 Omelett nach Grundrezept / 1 1/2 Eßl. feingeschnittenes Sauerkraut / 1 Tl. Sonnenblumenöl / 1 Messerspitze Kümmel

Den Kümmel in einer Pfanne mit Sonnenblumenöl erhitzen, bis er aromatisch riecht und in der Pfanne ‚springt'. Anschließend das feingeschnittene rohe Sauerkraut hinzufügen, kurz mitbraten, die Pfanne mit einem Deckel oder einem Teller abdecken und alles 5 Minuten lang schmoren lassen.

Das Omelett mit diesem frischen Gemisch füllen und mit Kartoffelpüree servieren.

Omelett mit jungen Möhren oder Wintermöhren

1 Omelett nach Grundrezept / 3 Eßl. feingeschnittene Möhren / 1/2 Eßl. feingehackte Zwiebel / 1 Tl. Butter oder Margarine / evtl. eine Prise Zucker / Pfeffer und Salz nach Geschmack / 1 Tl. feingeschnittene Petersilie

Die Butter in einer Pfanne erhitzen, die feingehackte Zwiebel darin schmoren, die geschnittenen Möhren hinzufügen, Pfeffer, Salz und eventuell etwas Zucker nach Geschmack dazugeben.

Alles gut umrühren, eventuell noch 1/2 Eßlöffel Wasser dazugießen und dieses Gemisch in einer Viertelstunde gar werden lassen. Dabei dafür sorgen, daß die Flüssigkeit vollständig verdampft. Dann die Pfanne vom Feuer nehmen, Petersilie darüberstreuen und das Omelett, wie im Grundrezept beschrieben, mit dieser Mischung füllen. Dazu paßt gebratener Reis.

Omelett mit Chicoree

1 Omelett nach Grundrezept / 1/2 Chicoree / 1/2 Eßl. Butter oder Margarine / 1 Eßl. frischer Orangensaft / 1/2 Tl. brauner Zucker oder Honig / Salz und Pfeffer nach Geschmack

Den bitteren Strunk aus dem Chicoree schneiden. Die Hälfte des Chicorees in grobe Stücke schneiden, aus der anderen Hälfte wird ein frischer Salat zubereitet. Die Butter in einer kleinen Pfanne erhitzen, die Gemüsestücke dazufügen und anbraten, ohne daß sie sich verfärben. Den Orangensaft darübergießen, damit die Chicoreestücke eine schöne Farbe bekommen, und anschließend Zucker oder Honig dazugeben. Alles ungefähr 7 Minuten lang schmoren, mit Pfeffer und Salz abschmecken und die Hälfte des Omeletts mit dem gargekochten Chicoree belegen. Dazu paßt Kartoffelpüree oder gekochter Reis.

Omelett mit Maiskörnern

1 Omelett nach Grundrezept / 3 Eßl. gekochte Maiskörner / 1 Tl. Zitronensaft / 1/2 Eßl. abgetropfter Joghurt / etwas Petersilie und Schnittlauch / Pfeffer und Salz nach Geschmack

Die Maiskörner in einem kleinen Topf erwärmen, mit Pfeffer, Salz und Zitronensaft abschmecken, den Topf vom Feuer nehmen und den Joghurt und die Kräuter darunterrühren. Alles kurz warm werden lassen und ein Omelett damit, wie im Grundrezept beschrieben, füllen. Dazu geröstetes Brot oder Kartoffelpüree servieren.

Außer diesen Omeletts mit Füllung gibt es auch noch Omeletts, bei denen die Füllung *vor* dem Backen mit dem verquirlten Ei vermischt wird. Für diejenigen, die allzu kompliziertes Essen nicht mögen, sind diese Rezepte oft viel einfacher. Diese Omeletts sehen aber ganz anders aus und haben auch einen ganz anderen Geschmack als die Omeletts mit einer getrennt zubereiteten Füllung.

Auch diese Omeletts können sehr gut zu verschiedenen Brotsorten, zu Kartoffelpüree, Reis, gebratenem Reis oder zu Bratkartoffeln gegessen werden. Ein frischer Salat der Jahreszeit schmeckt natürlich auch sehr gut dazu und sorgt für die nötigen Vitamine und Minerale (*Siehe Salatrezepte, Seite 71*).

Für Eilige und für alle, die ihre Mahlzeit schnell und einfach zubereiten wollen, sind diese Omeletts eine passende Lösung.

Der Teig wird in einer Schüssel hergestellt und mit einem Backvorgang auf einer Platte erhält man ein fertiges Gericht.

Natürlich eignen sich nicht alle Zutaten dazu, vor dem Backen mit dem Teig vermischt zu werden. Manche Zutaten werden aber gerade besonders lecker, wenn man sie auf diese Weise zubereitet.

Eines der klassischen Beispiele ist das

Grünes Omelett

1 Ei / 1 Eßl. Milch oder Wasser / Butter zum Backen / 1/2 Eßl. feingeschnittene grüne Kräuter wie Petersilie, Schnittlauch, Dill, Estragon, Kerbel

Das Ei sorgfältig mit einem Löffel Wasser oder Milch verquirlen und erst dann die sehr fein geschnittenen grünen Kräuter hinzufügen. Das Feinschneiden ist sehr einfach, wenn man die Kräuter in ein Glas legt und mit einer Schere im rechten Winkel dazu solange schneidet, bis sie ganz fein sind.

Danach die Butter in einer Pfanne erhitzen, das Eigemisch hineingießen und sehr schnell fest werden lassen.

Dabei das Omelett mehrmals mit einem Messer vom Pfannenboden lösen, so daß immer wieder etwas von der noch flüssigen Masse mit dem Pfannenboden in Berührung kommt.

Wenn alles gestockt ist, das Omelett noch kurz ganz fest werden lassen.

Zum Schluß das Omelett zusammenklappen und sofort mit Brot, Bratkartoffeln, Kartoffelpüree oder gekochtem Reis servieren.

Käseomelett

1 Ei / 1 Eßl. Wasser oder Milch / 15 g geraspelter oder feingeschnittener Käse, nach Geschmack alt oder jung / Butter zum Backen

Das Ei mit Wasser oder Milch verquirlen und dann den geraspelten oder sehr fein geschnittenen Käse hinzufügen. Die weitere Zubereitung geschieht wie beim vorigen Rezept.

Kerbelomelett

1 Ei / 1 Eßl. Wasser oder Milch / 1 Eßl. grobgehackter Kerbel / 1/2 Eßl. feingehackter Kerbel / Butter zum Backen

Etwas Öl in einer Pfanne erhitzen und den grobgehackten Kerbel darin schmoren lassen, bis dieser weich und glasig ist. Das Ei mit Wasser oder Milch verquirlen, den geschmorten Kerbel dazugeben, ebenso wie den frischen feingehackten Kerbel. Gegebenenfalls mit Pfeffer und Salz abschmecken und weiter wie im Rezept *Grünes Omelett* verfahren.

Champignonomelett

1 Ei / 1 Eßl. Wasser oder Milch / 20 g Champignons / Zitronensaft, Pfeffer, Salz / Butter zum Backen

Die Champignons putzen, in kleine Scheiben schneiden und sofort mit etwas Zitronensaft beträufeln. Etwas Butter in einer

Pfanne erhitzen, Champignons hineinlegen und ungefähr 5 Minuten schmoren, bis sie weich und aromatisch werden. Das Ei mit Wasser oder Milch verrühren und die Champignons hinzufügen. Mit Pfeffer und Salz abschmecken und das Omelett wie im Rezept: *Grünes Omelett* backen.

Tomatenomelett

1 Ei / 1 Eßl. Wasser oder Milch / 1 kleine Tomate / 1/2 Eßl. feingehackte Zwiebel / Pfeffer, Salz, eventuell etwas Knoblauch / Butter zum Backen, oder etwas Sonnenblumenöl

Die Tomate kurz in kochendes Wasser tauchen, dann mit kaltem Wasser abspülen und vorsichtig ihre Haut abziehen. Sie läßt sich dann leicht ablösen. Die geschälte Tomate wird in Stücke geschnitten.

Die Butter (oder das Öl) in einer Pfanne erhitzen, die Zwiebelstücke hineinschütten und auf kleiner Flamme schmoren lassen, bis sie glasig sind. Die Tomatenscheiben hinzufügen und mitschmoren. Dabei darauf achten, daß sie nicht am Boden ansetzen. Noch etwas Butter in die Pfanne geben, die Tomaten auf eine Seite der Pfanne schieben und dann erst das mit Wasser oder Milch verquirlte und mit Salz und Pfeffer abgeschmeckte Ei darübergießen. Dann weiter wie im Rezept: *Grünes Omelett* verfahren und das Omelett am Schluß so umklappen, daß die Hälfte mit den Tomaten oben liegt.

Kartoffelomelett

1 Ei / 1 Eßl. Milch oder Wasser / 1 kleine Kartoffel, am besten ein Rest vom Vortag / 1/2 Eßl. feingehackte Zwiebel / Pfeffer, Salz, Thymian / Sonnenblumenöl zum Backen

Etwas Sonnenblumenöl in der Pfanne erhitzen, die feingeschnittene Zwiebel hinzugeben und glasig werden lassen. Die gekochte Kartoffel in Würfel schneiden, in die Pfanne geben und hellbraun werden lassen.

Das Ei mit Wasser oder Milch verquirlen, mit Pfeffer, Salz und eventuell einer Prise Thymian abschmecken. Das Eigemisch über die knusprig gebratenen Kartoffeln mit Zwiebeln gießen und auf beiden Seiten hellbraun braten. Kombiniert mit einem Salat aus z.B. Hülsenfrüchten ergibt das eine volle Mahlzeit.

Paprikaomelett

1 Ei / 1 Eßl. Wasser oder Milch / 1 Eßl. feingehackte Zwiebel 1 Eßl. feingeschnittene rote oder grüne Paprika / Sonnenblumenöl zum Backen / Pfeffer, Salz

Etwas Öl in einer Pfanne erhitzen, die Zwiebel hinzufügen, und, wenn sie glasig ist, die in Stückchen geschnittene Paprika. Dieses Gemisch ungefähr 7 Minuten dünsten lassen.

Inzwischen das Ei mit Wasser oder Milch verrühren, mit Pfeffer und Salz abschmecken und das Eigemisch anschließend über die Paprika und die Zwiebelstückchen gießen. Das Omelett auf beiden Seiten backen und mit Reis servieren.

Zwiebelomelett

1 Ei / 1 Eßl. Wasser oder Milch / 1 kleine Zwiebel / 1/2 Knoblauchzehe / Pfeffer, Salz / Sonnenblumenöl zum Backen

Etwas Öl in einer Pfanne erhitzen, die geschälte und in kleine Stückchen gehackte Zwiebel hinzufügen, ebenso den sehr fein geriebenen Knoblauch.

Alles auf kleiner Flamme schmoren lassen, bis die Zwiebelstückchen glasig und goldbraun sind. Das Ei mit Wasser oder Milch verquirlen, mit Pfeffer und Salz abschmecken und die geschmorten Zwiebelstückchen dazugeben. Das Omelett wie im Rezept *Grünes Omelett* backen. Dazu Bratkartoffeln, Kartoffelpüree oder gekochten Reis servieren.

Bauernomelett

1 Ei / 1 Eßl. Wasser oder Milch / 1 kleine gekochte Kartoffel / 1 Silberzwiebel / ein paar Champignons / 1/2 Eßl. feingeschnittener Schnittlauch oder Petersilie oder eine Mischung daraus / 1-2 Eßl. gekochte grüne Erbsen / Pfeffer, Salz / Butter zum Backen oder Sonnenblumenöl

Die Zubereitung dieses Omeletts ist nur dann sinnvoll, wenn man Reste von Erbsen, Champignons und Kartoffeln übrig hat. Ist das der Fall, dann ist dies eine gute Möglichkeit, die Reste schön und schmackhaft zuzubereiten.

Man kann z.B. am Vortag so planen, daß man diese Reste am nächsten Tag zur Verfügung hat.

Eine ordentliche Portion Butter oder Öl oder eine Mischung aus beidem wird in in einer Pfanne erhitzt. Darin werden die in Würfel geschnittenen, gekochten Kartoffeln leicht gebräunt, anschließend die feingehackte Silberzwiebel, die Champignons, die Petersilie und/oder Schnittlauch hinzugefügt und erst zum Schluß die Erbsen. Alles gut heiß und aromatisch werden lassen.

Das Ei mit Wasser oder Milch verquirlen, mit Pfeffer und Salz abschmecken, etwas Butter zu dem Gemisch in die Pfanne geben und dann die Eimasse darübergießen. Dieses Omelett soll sehr langsam gar werden.

Man kann es nicht umklappen, da es dann brechen würde. Dazu paßt ein leckerer Salat. Zusammen mit einem Salat aus Hülsenfrüchten oder Reis ergibt dieses Omelett eine vollwertige Mahlzeit.

Soldatenomelett

1 Eßl. Milch oder Wasser / 1 Ei / Pfeffer und Salz / 1 1/2 Scheiben Brot / Butter und/oder Sonnenblumenöl

Das Brot in kleine Würfel schneiden. Butter und/oder Öl in der Pfanne erhitzen und die Brotwürfel in Butter und/oder Öl auf allen Seiten goldbraun anbraten. Das Ei mit Wasser oder Milch verquirlen, mit Pfeffer und Salz abschmecken und die Mischung über die knusprigen Brotwürfel gießen. Das Omelett gar werden lassen, gegebenenfalls auf beiden Seiten backen. Mit Reis, Kartoffelpüree oder Hülsenfrüchten servieren.

Nach den herzhaften Omeletts mit Füllungen folgen jetzt die *süßen Omeletts.*

Sie können als Nachspeisen zu nahrhaften Suppen, zu Salaten mit Käse und Nüssen oder ähnlichem gereicht werden.

Die süßen Omeletts sind ebenso einfach zuzubereiten wie die herzhaften und können ebenfalls vielfältig variiert werden.

Omelett mit Marmelade oder Fruchtmus

1 Ei / 1 Eßl. Wasser oder Milch / 1/2 Eßl. Marmelade oder eingedicktes Fruchtmus / Butter zum Backen

Das Ei sorgfältig mit Wasser oder Milch verquirlen, etwas Butter in der Pfanne erhitzen, das Eigemisch darübergießen und das Omelett wie im Grundrezept beschrieben backen.

Die Hälfte des warmen Omeletts mit Marmelade oder Fruchtmus bestreichen, zusammenklappen und sofort servieren.

Schaumomelett

1 Ei / etwas Vanille / Honig / etwas geriebene Zitronenschale / eventuell ein paar Tropfen Rum oder Cognac; das ist allerdings nicht notwendig / Butter zum Backen

Das Ei trennen und das Eidotter mit der Vanille und dem Honig, etwas geriebener Zitronenschale und eventuell etwas Rum oder Cognac verquirlen. Das Eiweiß steif schlagen. Dabei muß man darauf achten, daß kein Spritzer Eidotter oder Fett damit in Berührung kommt, denn dann wird es nicht steif.

Den Eischnee sehr vorsichtig unter den verquirlten Eidotter heben und dieses Gemisch langsam in die Pfanne gießen, in der etwas Butter zerlassen worden ist. Das Gemisch ganz kurz auf großer Flamme erhitzen, dann die Platte kleinstellen und die Pfanne mit einem Deckel oder mit einem Teller abdecken. Das Omelett wird auf diese Weise 10 - 12 Minuten gar und hellbraun gebacken und zum Schluß zusammengeklappt.

Apfelomelett

1 Ei / 1 Eßl. Sahne / Honig / 1/2 Goldreinette oder ein anderer saurer Apfel / Zitronensaft / Butter zum Backen

Den Apfel schälen und in kleine Würfel schneiden. Sofort etwas Zitronensaft darüberträufeln, damit er nicht braun wird. Butter in einer Pfanne erhitzen und die Apfelstückchen auf kleinem Feuer garen. Inzwischen den Eidotter sehr sorgfältig mit etwas Honig und einem Löffel Sahne verquirlen. Das Eiweiß in einer Schüssel steif schlagen, langsam mit dem verquirlten Eidotter verrühren und dieses Gemisch anschließend vorsichtig über die gargekochten Apfelstücke gießen. Noch etwas Butter hinzufügen und das Omelett auf kleiner Flamme ungefähr 12 Minuten lang in bedeckter Pfanne durch und durch gar werden lassen.

Omelett mit gerösteten Nüssen

1 Ei / 1 Eßl. Sahne oder Milch / 1 Eßl. gemahlene Nüsse / 1 Eßl. Honig / Butter zum Backen / gegebenenfalls etwas Rum zum Flambieren

Butter in der Pfanne zerlassen und die Nüsse hinzufügen, die auf sehr kleiner Flamme in der Butter goldbraun und aromatisch angebraten werden. Dabei muß darauf geachtet werden, daß die Flamme nicht zu groß ist, damit nichts anbrennt. Zum Schluß den Honig darunterrühren.

Das Ei sorgfältig mit Sahne oder Milch verquirlen, so daß eine schöne gleichmäßige Masse entsteht. Anschließend das Gemisch aus Honig und gerösteten Nüssen darunterrühren.

Dann wieder etwas Butter in der Pfanne erhitzen, die Eimasse hineingießen und alles auf kleiner Flamme wie im Rezept *Grünes Omelett* gar werden lassen. Das Omelett zusammenklappen und, falls gewünscht, noch einen Teelöffel Rum darübergießen und anzünden. So wird das Omelett noch aromatischer.

Kaiserschmarrn

1 Ei / 50 g Mehl / 2 Eßl. Milch / 1/2 Eßl. Rosinen / Butter zum Backen

Milch und Ei sehr sorgfältig vermischen, das Mehl hinzufügen und einen schönen glatten Teig herstellen. Die Rosinen untermischen, eine ordentliche Portion Butter in der Pfanne erhitzen, das Eigemisch dazugießen und sehr langsam gar werden lassen.

Das Omelett wenden und kurz vor dem vollständigen Garwerden mit einer Gabel in Stückchen zerkleinern. Noch etwas Butter hinzufügen und die Stückchen kurz weiterbacken lassen. Mit Frucht- oder Apfelkompott essen.

Alternativen zum Fleisch

Diejenigen, die gerade erst angefangen haben, vegetarisch zu kochen, können oft das Fleisch nicht vergessen.

Sie wollen unbedingt etwas Gebratenes zu Kartoffeln, Sauce und Gemüse essen. Für sie folgen jetzt ein paar Rezepte, die einen Ersatz für Fleischgerichte darstellen können. Sie haben natürlich nichts mit Fleisch zu tun, aber sie sind gebraten und können mit Kartoffeln oder Reis und Gemüse kombiniert werden.

Im Kapitel *Variationen mit Hülsenfrüchten* findet man beispielsweise ein Rezept für Plätzchen aus Hülsenfrüchten und Kartoffeln. Diese können sehr gut als Fleischersatz dienen. Ißt man sie zu Kartoffeln und Gemüse, dann muß man die Hälfte der angegebenen Menge nehmen.

Das Kapitel *Das Omelett, einfach und lecker* bietet weitere Kombinationsmöglichkeiten mit Kartoffeln und Gemüse. Und hier noch ein paar andere Rezepte:

Maisplätzchen

5 gestrichene Eßl. Maisgrieß oder Polenta / 2 gestrichene Eßl. Weizengrießmehl / 350 ml Milch mit etwas vegetarischer Brühe / Pfeffer, Salz, Sojasauce / Öl zum Braten

Die Milch zum Kochen bringen und unter ständigem Umrühren die Polenta oder den Grieß hineinstreuen. Danach weiterrühren, um Anbrennen zu verhindern, und alles ungefähr 15 Minuten lang leicht kochen. Man erhält dann einen sehr zähen Brei und muß gut aufpassen, daß er nicht anbrennt.

Dieser Brei wird, nachdem er vom Feuer genommen ist, mit Salz und etwas Sojasauce abgeschmeckt. Dann wird er auf einen kalt abgespülten Teller zum Abkühlen gegossen. Man kann dies, wenn man Zeit hat, schon am Vorabend oder Morgen tun.

Aus der steifen Masse schneidet man quadratische Plätzchen und brät sie in der Pfanne in Öl auf beiden Seiten goldbraun.

Wenn man Plätzchen für zwei Tage zubereiten will, kann man den noch warmen Brei in zwei Portionen aufteilen und die erste Portion mit Curry, die zweite mit gehackter Petersilie verrühren. Man kann auch angebratene Zwiebeln daruntermischen.

Herzhafte Haferplätzchen mit Paprika

1/2 Tasse feine Haferflocken / 1/2 Eßl. Vollkornmehl / 1 kleines Ei / 1 kleine Zwiebel / 1 Eßl. Milch / 1 Tl. Paprikapulver / Öl / Salz, Pfeffer, Paniermehl

Die Zwiebel schälen und fein schneiden. Etwas Öl in einer Pfanne erhitzen und die Zwiebel glasig und goldgelb werden lassen. Dann die Haferflocken unterrühren und das Ganze kurz schmoren lassen. Jetzt das Vollkornmehl hinzufügen, das mit der Milch verquirlte Ei und das Paprikapulver. Die Pfanne vom Feuer nehmen und mit Pfeffer und Salz abschmecken. Aus dem Teig werden ein Zentimeter dicke Plätzchen geformt. Sie werden in Paniermehl gewälzt und auf beiden Seiten goldbraun gebraten. Sie müssen langsam gebraten werden, denn die Haferflocken und das Mehl müssen gar werden und das Ei muß stocken.

Grießmehlplätzchen

1/4 l Milch mit vegetarischer Brühe / 3 leicht gehäufte Eßl. Grießmehl / Pfeffer, Salz, Sojasauce, Curry / Öl zum Braten

Die Milch mit der Brühe zum Kochen bringen, das Grießmehl hineinstreuen und unter ständigem Umrühren, um Anbrennen zu verhindern, in 5 Minuten gar werden lassen.

Den Topf vom Feuer nehmen und den Brei mit Pfeffer, Salz, gegebenenfalls Curry und/oder Sojasauce abschmecken. Man kann zusätzlich noch gebratene feingeschnittene Zwiebel hinzufügen, je nach Geschmack.

Die Masse dann auf einem Teller erkalten lassen und mit etwas Mehl bestreuen. Zum Schluß werden Dreiecke aus diesem Brei geschnitten, die auf beiden Seiten in Öl gebraten werden.

Gebratene Champignons

Für viele Leute sind auch Pilze ein Fleischersatz. Champignons kann man auf viele verschiedene Arten zubereiten. Die hier beschriebene Zubereitungsweise hat den Vorteil, daß sie schnell und trotzdem schmackhaft ist.

100 g Champignons / 1 kleine Zwiebel / eventuell 1/2 Knoblauchzehe / 1 Eßl. Butter oder Margarine / Pfeffer, Salz

Die Champignons sorgfältig putzen. Nach dem Waschen erst abtropfen lassen und anschließend abtrocknen. Sie müssen völlig trocken sein. Die großen Exemplare werden halbiert.

Etwas Butter in einer Pfanne erwärmen, die feingeschnittene Zwiebel mit etwas Knoblauch anbraten und die Champignons hinzufügen. Währenddessen in Abständen die Pfanne schütteln, damit sie nicht ansetzen, und die Champignons auf ziemlich großer Flamme (damit die überschüssige Flüssigkeit verdampft) in ungefähr 5 Minuten gar und hellbraun werden lassen. Erst dann Pfeffer und Salz darüberstreuen.

Gebratener Käse

1 kleine dicke Scheibe Käse von ungefähr 75 g, am besten junger Käse; keine große Scheibe, da das Braten dann nicht gelingt / 1 Eßl. Mehl, Paniermehl / Butter und/oder Öl zum Braten

Die Rinde vom Käse schneiden und einen Mehlbrei herstellen, der soviel Wasser enthält, daß eine dickflüssige Masse entsteht.

Die Käsescheibe sorgfältig in diesem Brei wenden, so daß der Käse völlig bedeckt wird. Wenn unbedeckte Stellen vorhanden sind, läuft der flüssig gewordene Käse während des Bratens aus.

Außerdem die Käsescheibe noch in Paniermehl wälzen und dann schnell im heißen Öl auf beiden Seiten goldbraun braten. Auf keinen Fall während des Bratens mit einer Gabel hineinstechen. Wichtig ist auch, daß der Käse schnell brät, denn sonst kann er zäh werden oder auslaufen. Es erfordert eine gewisse Geschicklichkeit, aber wenn man sich erst einmal daran gewöhnt hat, kann man dieses Rezept im Nu zubereiten.

Die gebratene Käsescheibe kann sofort gegessen werden, z.B. zu Stampfkartoffeln mit frischem Endivien, Spinat oder Rübstielen, oder zu gekochtem Reis mit gekochtem Gemüse.

Getreide und Teigwaren

Reis ist zweifellos das bekannteste Getreide in unserer Küche. Man kann den geschliffenen Reis wählen, der vitaminarm ist, besser ist ungeschälter Reis, der einen stärkeren Eigengeschmack besitzt und viele Vitamine aus dem B-Komplex enthält.

Reis läßt sich einfach zubereiten. Am besten kocht man gleich eine Menge für drei Tage. Am ersten Tag wird der Reis dann heiß zu gekochtem Gemüse gegessen, am zweiten Tag wird er aufgebraten, und am dritten Tag kann er zu Reissalat verarbeitet werden, der vor allem im Sommer sehr lecker ist. Der Salat kann schon am ersten Tag zubereitet und anschließend im Kühlschrank aufbewahrt werden.

Pro Person rechnet man 100 g Reis pro Tag.

Gekochter Reis

300 g Reis / 600 ml Wasser / etwas Salz

Der Reis muß solange gewaschen werden, bis das Wasser klar bleibt. Dann muß er abtropfen und mit Wasser zum Kochen gebracht werden. Weißer Reis wird 7 Minuten gekocht, ungeschälter benötigt ungefähr 10 Minuten. Man bereitet ihn am besten morgens zu. Anschließend wird der Topf sofort in ein Geschirrtuch eingeschlagen, so daß der Deckel fest auf dem Topf liegt, und daraufhin in Kissen oder in einen Schlafsack eingepackt.

Auf diese Weise wird der Reis im Laufe des Tages langsam gar und ist abends, wenn man nach Hause kommt, fertig.

Soll der Reis sofort gegart werden, hat weißer Reis eine Kochzeit von etwa 30 Minuten, Naturreis von ca. 45 Minuten.

Reissalat

100 g trockengekochter Reis / Salatsauce nach Wunsch / 1/2 Paprika, am besten eine rote / 2 Eßl. gargekochte grüne Erbsen, Bohnen oder Maiskörner / ein paar Salatblätter oder ein paar Gurken- oder Tomatenscheiben

Den gargekochten Reis mit dem gekochten Gemüse vermischen, eine Salatsauce nach Wunsch dazugeben und den Salat bis zum Verzehr am besten an einem kühlen Ort in einem gut verschließbaren Glasbehälter aufbewahren.

Wenn der Reis gegessen werden soll, ein paar gewaschene und getrocknete Salatblätter oder Tomaten- oder Gurkenscheiben auf den Tellerrand legen, den Reis hinzufügen und dazu ein hartgekochtes Ei oder eine Scheibe Brot essen.

Curryreis

100 g trockengekochter Reis / 1 Eßl. Butter oder Margarine / 1 kleine Zwiebel / 1 Tl. Curry / eventuell Petersilie zum Garnieren

Die Butter in einer Pfanne zerlassen, die geschälte und kleingeschnittene Zwiebel hineingeben und anbraten, aber kaum bräunen. Jetzt den Curry darüberstreuen. Alles kurz schmoren lassen und anschließend unter ständigem Umrühren den Reis hinzufügen, bis er völlig erhitzt ist und eine Farbe angenommen hat. Auf dem Teller mit etwas Petersilie garnieren und mit Salat servieren. Ein Salat aus Prinzeßbohnen oder Tomaten mit weißen Bohnen paßt hier sehr gut.

Nasi Goreng

100 g trockengekochter Reis / 1 kleine Zwiebel / 1 Eßl. Öl / 1/2 Knoblauchzehe / 1 Stückchen Lauch / 1/2 Eßl. feingeschnittener Sellerie / 1/2 Eßl. Sojasauce / eine Messerspitze Sambal Olek / 1 Ei

Das Öl in einer Pfanne erhitzen, die feingehackte Zwiebel darin anbraten, ebenfalls die feingehackte Knoblauchzehe (nicht unbedingt notwendig). Eine Messerspitze Sambal unter den Reis mischen und den Reis mitbraten lassen und erst dann den in sehr feine Ringe geschnittenen Lauch und das feingeschnittene Selleriegrün hinzufügen. Auch dieses muß erhitzt werden. Den Reis auf einen Teller füllen und warmhalten. Währenddessen schnell ein Omelett aus dem verquirlten Ei backen, in Streifen schneiden, die auf den Reis gelegt werden.

Saure Gurken und eventuell etwas Salat dazu essen.

Gekochte Hirse

100 g Hirse / 200 ml Wasser / etwas Salz

Die Hirse mit dem Wasser und etwas Salz zum Kochen bringen und dann im geschlossenen Topf in 15 Minuten gar werden lassen. Dabei hin und wieder vorsichtig umrühren.

Hirsepüree

100 g gekochte Hirse / 1 kl. Zwiebel / 1 Eßl. Öl / Pfeffer, Salz

Die feingehackte Zwiebel in etwas Öl anbraten. Die heiße, gekochte Hirse mit einem Mixer vermixen oder durch ein Sieb drücken, mit Pfeffer und Salz abschmecken und die angebratene Zwiebel darunterrühren.

Eventuell kann noch etwas feingeschnitzeltes, rohes grünes Gemüse, z.B. Spinat oder Brennesselspitzen dazugefügt werden.

Das Ganze muß vor dem Essen noch einmal kurz erhitzt werden.

Buchweizen

100 g Buchweizen / 1 Eßl. Öl / 200 ml Wasser

Das Öl in einem großen Topf erhitzen und den Buchweizen unter ständigem Umrühren im Öl rösten, aber nicht zu dunkel werden lassen. Anschließend das kochende Wasser hinzufügen, den Topf mit einem Deckel verschließen und ungefähr 15 Minuten garen lassen.

Buchweizen kann beispielsweise mit gekochtem Rotkohl oder Weißkohl serviert werden. Sehr gut schmecken auch gebratene Zwiebeln und ein paar Löffel Salat aus Hülsenfrüchten dazu.

Makkaroni, Spaghetti oder andere Nudeln

Bei Nudeln werden 100 g pro Person gerechnet.

Zum Kochen von Nudeln wird ein halber Liter Wasser mit etwas Salz zum Kochen gebracht, in das ein halber Teelöffel Butter gegeben wird, damit die Nudeln nicht aneinanderkleben.

In das kochende Wasser werden die Nudeln geschüttet, kurz umgerührt und ca. 12 Minuten gegart. Anschließend in einem Sieb abgießen und mit kaltem Wasser abschrecken, damit sie nicht kleben.

Nudeln mit Käse

100 g gekochte Makkaroni, Spaghetti oder eine andere Sorte Nudeln / 1/2 Eßl. Butter / 30 g geraspelter Käse / 1/2 Eßl. feingeschnittene grüne Kräuter wie Petersilie und Sellerie

Die Nudeln auf einen Teller legen, etwas Butter in die Mitte geben und mit Käse und feingeschnittenen Kräutern bestreuen

Dazu Salat servieren.

Makkaroni mit Ei

100 g gekochte Makkaroni / 1/2 Eßl. Butter oder Margarine / 1/2 Eßl. feingeschnittene Kräuter / 2 kleine Eier oder 1 großes Ei

Die Butter in einem Stieltopf erhitzen, die gekochten Makkaroni hinzufügen (oder eine andere Sorte Nudeln) und ein verquirltes Ei darunterrühren. So lange rühren, bis das Ei stockt und sich in Form von kleinen weißen und gelben Flöckchen unter die Makkaroni verteilt hat. Erst dann die Kräuter darüber streuen und die Nudeln sofort servieren. Dazu paßt Salat.

Nudeln mit gerösteten Nüssen

100 g gekochte Makkaroni oder Spaghetti oder andere Nudeln / 1 Eßl. Butter und/oder Öl / 1 Stückchen Lauch / 75 g Walnüsse oder gemischte Nüsse / Pfeffer, Salz, Sojasauce / 1/2 Eßl. feingeschnittene grüne Kräuter wie Petersilie, Schnittlauch oder Sellerie

Die Butter in einem Stieltopf erhitzen, den in sehr feine Ringe geschnittenen Lauch hinzugeben und alles kurz schmoren lassen. Dann die gehackten Nüsse hinzufügen und auch diese kurz schmoren lassen. Anschließend die gekochten, abgetropften Teigwaren untermischen und mit Pfeffer, Salz und Sojasauce abschmecken. Auf dem Teller etwas Kräuter darüberstreuen und gekochtes Gemüse wie Prinzeßbohnen, Blumenkohl, Endivien oder Spinat dazu essen.

Variationen mit Hülsenfrüchten

Manch einer greift zu fertig zubereiteten Hülsenfrüchten aus dem Glas oder aus der Dose. Diese Leute glauben, daß das Zubereiten von Hülsenfrüchten viel Arbeit ist. Das ist jedoch ein großer Irrtum. Getrocknete Hülsenfrüchte, die wichtigsten Eiweißlieferanten im vegetarischen Menü (sie enthalten durchschnittlich 20 % Eiweiß, die Sojabohne enthält sogar 40 %), sind sehr einfach zuzubereiten. Man muß nur wissen, wie's gemacht wird.

Außerdem gibt es so viele Variationsmöglichkeiten für diese ziemlich neutral schmeckenden Samenkörner, daß man ohne weiteres Mengen für drei oder vier Tage gleichzeitig kochen kann. Dann kann jeden Tag ein völlig anderes Hülsenfruchtgericht auf dem Menüplan stehen, obwohl man nur einmal gekocht hat.

Ein einfaches Beispiel dafür sind braune Bohnen.

Sie werden eine Nacht lang eingeweicht, am nächsten Morgen zum Kochen gebracht und nach einer Kochzeit von 15 Minuten in einen Schlafsack oder in Kissen eingepackt. Abends sind sie völlig gar. Am ersten Tag verarbeitet man sie zu einem Bohnengericht, am zweiten und dritten Tag zu Suppe, nach einem Rezept aus dem Kapitel über Suppen, und am vierten Tag ißt man sie als Bohnensalat.

Den Salat kann man gleich am ersten Tag zubereiten. Man nimmt ein Viertel der gesamten Bohnenmenge, läßt sie kurz abtropfen, vermischt sie mit einer Vinaigrette (*siehe Salatrezepte, Seite 71*) und bewahrt das Gericht in einem gründlich gereinigten Marmeladenglas mit Deckel an einem kühlen Ort auf.

Vor dem Verzehr streuen wir nur noch ein paar feine Zwiebelringe oder feingeschnittene saure Gurken darüber.

Auf diese Weise können wir vier Tage lang hintereinander von einmal Kochen leben. Denn: Selbst Kochen ist nicht nur viel preiswerter, sondern hat auch den Vorteil, daß man weiß, was man ißt, bzw. was nicht.

Wer trotzdem lieber aus der Dose essen will, kann mit folgenden Mengen rechnen: eine große Dose braune Bohnen entspricht ungefähr 300 g getrockneten Bohnen.

Nun noch eine abschließende Bemerkung: Für Hülsenfrüchte gilt, daß sie eine Nacht lang eingeweicht werden müssen, wenn sie in der angegebenen Zeit gar werden sollen. Außerdem müssen alle Hülsenfrüchte gut gewaschen werden, da sie in ihrem Einweichwasser, in dem sich wertvolle Stoffe befinden, gekocht werden.

Man rechnet pro Mahlzeit mit ungefähr 100 g getrockneten Hülsenfrüchten pro Person, d.h. daß für drei oder vier Tage 300 oder 400 g Hülsenfrüchte gekocht werden. Aber das muß jeder selbst entscheiden.

Braune Bohnen mit Ingwer

100 g braune Bohnen, gekocht wie oben angegeben / 1 Stück kandierter Ingwer / 1 kleine Zwiebel / 1/2 Eßl. Öl / evtl. 1 Tomate / 1 Prise Ingwerpulver und Korianderpulver / Sojasauce

Das Öl in einer Pfanne erwärmen, die geschälte und sehr fein gehackte Zwiebel im Öl glasig werden lassen, die Tomate hinzufügen (eventuell auch Tomatenmark), das zerkleinerte Ingwerstück, die Gewürze und etwas Sojasauce. Das Ganze ein paar Minuten lang schmoren lassen und anschließend die gekochten Bohnen mit so viel Kochwasser hinzufügen, daß alles ganz sämig ist.

Dazu gekochten Reis und eventuell noch etwas Salatsauce mit Joghurt servieren.

Gulasch aus Bohnen oder Erbsen

100 g gekochte Hülsenfrüchte nach Wahl / 1 große oder 2 kleine Zwiebeln / 1/2 Eßl. Öl und/oder Butter / 1 Tl. süßes rotes Paprikapulver / eventuell etwas abgetropfter Joghurt oder etwas Sahne / Pfeffer, Salz

Das Öl und/oder die Butter in einem großen Topf erhitzen, die geschälte und in hauchdünne Scheiben geschnittene Zwiebel darin schmoren lassen, aber nicht bräunen. Anschließend mit Paprikapulver würzen, kurz mitschmoren, jedoch unter keinen Umständen heiß werden lassen. Anschließend die gekochten Hülsenfrüchte mit etwas Kochwasser hinzufügen, den Topf mit einem Deckel verschließen und das Gulasch 15 Minuten lang leicht kochen lassen. Mit Pfeffer, Salz und etwas abgetropftem Joghurt oder etwas Sahne abschmecken. Lecker zu Kohlsalat oder einer Scheibe geröstetem Brot.

Gebratene Erbsen oder Kichererbsen

100 g gekochte Erbsen oder Kichererbsen / 1 Eßl. Butter oder Margarine / 1/2 Knoblauchzehe / 1 Prise Chilipulver / 1/2 Tl. Curry / etwas Sojasauce

Die gekochten Hülsenfrüchte gut abtropfen lassen und die Kochflüssigkeit für Suppe aufheben. Die Hülsenfrüchte sollten sorgfältig mit einem sauberen Geschirrtuch abgetrocknet werden. Butter in einer Pfanne zerlassen, die Gewürze und den feingehackten Knoblauch hineingeben (oder — für Knoblauchgegner — 1/2 Eßl. feingeschnittene Zwiebel) und am Schluß die gekochten Hülsenfrüchte. Diese unter ständigem Umheben ungefähr 10 Minuten lang leicht mitbraten lassen. Vor dem Essen etwas Sojasauce darübergießen und gekochten Reis oder eine Scheibe Brot dazu essen.

Hülsenfrüchte mit Rotwein

Wenn man einen Weinrest vom Vortag übrig hat, kann man damit dieses herrliche Hülsenfrüchtegericht zubereiten. Dafür eignen sich braune Bohnen, Linsen, Erbsen oder Kichererbsen.

100 g gekochte Hülsenfrüchte / 1 Eßl. Öl / 1 Zwiebel / 1 Eßl. Tomatenmark (oder Ketchup) / 100 ml Rotwein / Lorbeerblatt, 1 Messerspitze Sambal oder etwas Chilipulver

Das Öl in einem großen Topf erhitzen, die geschälte, feingeschnittene Zwiebel hinzugeben, kurz schmoren lassen, eine Messerspitze (nicht mehr) Sambal Olek oder eine Messerspitze (nicht mehr) Chilipulver hinzufügen, dann das Tomatenmark und den Rotwein.

Die gekochten Hülsenfrüchte abtropfen lassen, die Kochflüssigkeit für Suppe aufbewahren und die Hülsenfrüchte in den Topf schütten. Alles im verschlossenen Topf 15 Minuten lang zusammen mit einem Lorbeerblatt sehr leicht kochen lassen. Zum Schluß das Lorbeerblatt wieder entfernen und das Gericht zu Reis oder zu einer Scheibe Brot essen.

Weiße Bohnen mit Joghurt

100 g gekochte weiße Bohnen / 1/2 Eßl. Nußmus oder Erdnußbutter / 1 Tl. Zitronensaft / Pfeffer, Salz, eventuell etwas Zucker / eventuell etwas Knoblauch / 1/4 rote Paprika ohne Kerne, in Stückchen geschnitten (kann auch wegggelassen werden) / 1/2 Eßl. feingeschnittene Kräuter wie Petersilie oder Sellerie / 1 Eßl. Butter oder Margarine / 3 Eßl. Joghurt

Das Nußmus oder die Erdnußbutter mit etwas Zitronensaft, etwas Pfeffer und Salz verrühren. Unter Umrühren den Joghurt hinzufügen und, wenn man Liebhaber von Knoblauch ist, ein paar Tropfen frischen Knoblauchsaft.

Die Butter in einem Topf erhitzen, die roten Paprikastückchen in der Butter schmoren lassen, die gekochten und abgetropften weißen Bohnen hinzufügen und mitschmoren lassen und durch und durch erhitzen. Vor dem Verzehr mit der Joghurtsauce vermischen, die warm, aber nicht zu heiß werden soll. Das Gericht mit den Kräutern bestreuen und zu Reis oder einer Scheibe Brot essen.

Weiße Bohnen mit Tomaten

100 g gekochte weiße Bohnen / 1 Eßl. Öl oder Butter / 1 Zwiebel / 2 Tomaten / 1 kl. Lorbeerblatt / etwas Sojasauce / Pfeffer, Salz, evtl. 1 Prise Zucker / 1 Eßl. gehackte Kräuter

Das Öl in einem Topf erhitzen, die geschälte, feingeschnittene Zwiebel hinzufügen. Sie soll glasig und beinahe gar werden. Die Tomaten kurz in kochendes Wasser halten und die Haut abziehen, die Kerne entfernen und in kleine Stücke schneiden, die zu der geschmorten Zwiebel gegeben werden. Etwas Sojasauce, das Lorbeerblatt und zum Schluß die gekochten und abgetropften weißen Bohnen hinzufügen. Den Topf mit einem Deckel verschließen und alles ungefähr eine Viertelstunde lang leicht kochen lassen. Anschließend die überschüssige Flüssigkeit im offenen Topf verdampfen lassen und etwas Bohnenkochwasser darauf gießen, wenn die Masse zu trocken wird.

Am Schluß mit den feingeschnittenen Kräutern bestreuen.

Sehr lecker sind geröstete Brotwürfel dazu.

Weiße Bohnen mit Käse und Petersilie

100 g gekochte weiße Bohnen / 30 g geraspelter Käse / 1 Eßl. feingeschn. Petersilie / etwas Butter / Pfeffer, Salz, Zitronensaft

Die Bohnen nach dem Kochen abtropfen lassen. Etwas Butter in einem Topf schmelzen und die Bohnen darin durch und durch erhitzen. Mit wenig Salz abschmecken, denn der Käse ist auch salzig. Auf dem Teller Käse und Petersilie darüberstreuen.

Salat, auch Kartoffelsalat, paßt sehr gut zu diesem Gericht.

Linsen oder braune Bohnen, süßsauer

100 g getrocknete Hülsenfrüchte / 1 Eßl. Honig / 1/2 Eßl. Zitronensaft oder Essig / etwas Ingwerpulver

Den Honig in einem Topf mit Zitronensaft oder Essig und mit etwas Ingwer erhitzen. Die gekochten, abgetropften Hülsenfrüchte hinzugeben. Den Topf zudecken und alles 10 Minuten lang leicht kochen und Geschmack annehmen lassen. Kurz prüfen, ob eventuell noch nachgesüßt oder mit Pfeffer und Salz nachgewürzt werden muß und zu trockengekochtem Reis servieren.

Linsen mit Zwiebeln und Käse

100 g getrocknete Linsen / 1 kleine Zwiebel / 1 Stückchen Wintermöhre / 1 Eßl. Öl / Salz, Pfeffer, eventuell etwas Sojasauce / 30 g geraspelter alter Käse

Das Öl in einem Topf erhitzen, die geschälte, feingehackte Zwiebel und die geputzte, geraspelte Möhre hineingeben. Alles schmoren, bis es fast gar ist. Dann die abgetropften Linsen, Pfeffer und Sojasauce nach Geschmack hinzufügen und nur wenig Salz, da der Käse schon salzig ist. Den Topf verschließen und alles 10 Minuten lang schmoren lassen.

Auf dem Teller mit dem geraspelten Käse bestreuen und mit Brot essen.

Püree aus Hülsenfrüchten

Für dieses Püree kann man sowohl braune als auch weiße Bohnen, Linsen oder Kapuzinererbsen verwenden.

100 g gekochte Hülsenfrüchte / 1 Tasse gekochte Kartoffeln (z.B. vom Vortag) / etwas Milch / Pfeffer, Salz, Zitronensaft, Muskatnuß / für Liebhaber etwas Knoblauch

Die Kartoffeln in etwas Milch erhitzen und sie kurz kochen lassen, bis sie sämig und weich sind. Die gekochten Hülsenfrüchte hinzufügen und alles fein mixen oder stampfen. Man kann das Ganze auch durch ein Sieb drücken, aber das ist viel Arbeit.

Mit Pfeffer, Salz, etwas Zitronensaft, etwas Muskatnuß und eventuell etwas Knoblauchsaft aus der Knoblauchpresse abschmecken.

Dazu passen Salat oder saure Gurken.

Plätzchen aus Hülsenfrüchten und Kartoffeln in der Pfanne

100 g gekochte Hülsenfrüchte nach Wahl / 1/2 Tasse gekochte Kartoffeln (vom Vortag beispielsweise) / 1 Eßl. Paniermehl / 1 kleine Zwiebel / 1/2 Eßl. Öl und/oder Butter / 25 g geraspelter alter Käse / Salz, Pfeffer, etwas Sojasauce, evtl. etwas Muskatnuß oder Curry nach Geschmack / Paniermehl / Öl zum Braten

Die gekochten Hülsenfrüchte gut abtropfen lassen und anschließend sehr fein vermixen oder mit einer Gabel zerdrücken. In gleicher Weise wird mit den Kartoffeln verfahren.

Das Öl wird in einer Pfanne erhitzt und die feingeschnittene Zwiebel hineingegeben, damit sie glasig und hellgelb wird. Curry und Muskatnuß hinzufügen und alles mit den feingestampften Kartoffeln und Hülsenfrüchten vermengen. Noch einen Löffel Paniermehl und den geraspelten Käse einkneten und mit Salz, Pfeffer und Sojasauce abschmecken.

Sehr feste und flache runde Plätzchen aus der Masse formen, diese in Paniermehl wälzen und in Öl auf beiden Seiten goldbraun braten. Dazu Salat essen.

Erbsenpüree

100 g gekochte Erbsen / Sojasauce, Zitronensaft, Pfeffer, Salz / eventuell etwas abgetropften Joghurt / 1 Eßl. Öl / 1 große Zwiebel / eventuell etwas Curry

Etwas Öl in einer Pfanne erhitzen und die geschälte, in hauchdünne Ringe geschnittene Zwiebel darin schmoren, bis sie glasig und goldgelb ist. Nach Geschmack etwas Curry hinzufügen.

Die gekochten Erbsen gut abtropfen lassen, feinstampfen und mit Sojasauce, Zitronensaft, Pfeffer und Salz abschmecken. Eventuell etwas Joghurt dazugeben. Alles gut erhitzen und das Püree auf dem Teller mit den geschmorten Zwiebeln garnieren. Mit einer Scheibe Brot essen.

Weiße oder braune Bohnen mit Nüssen

100 g gekochte weiße oder braune Bohnen / 75 g gehackte gemischte Nüsse / 1 Eßl. Butter oder Öl / 1 Zwiebel / Sojasauce, etwas Basilikumpulver (besser sind ein paar Blätter frisches Basilikum), Petersilie, Pfeffer, Salz

Öl und/oder Butter in einem Topf erhitzen, die geschälte und sehr fein gehackte Zwiebel hinzufügen und glasig werden lassen. Dann die gehackten Nüsse hineingeben, so daß diese mitrösten. Die Bohnen gut abtropfen lassen und zu den Nüssen schütten. Eventuell etwas Kochwasser von den Bohnen dazugießen und das Ganze mit Sojasauce, Basilikum, Pfeffer und Salz abschmecken. Das Gemisch 5 Minuten unter ständigem Umheben erhitzen und auf dem Teller frische Petersilie darüberstreuen.

Bohnen oder Erbsen mit Reis

100 g gekochte Hülsenfrüchte / 1 Tasse gekochter Reis / 1 kleine Zwiebel / 1 Eßl. Selleriegrün / 1 Eßl. Butter und/oder Öl / Pfeffer, Salz, Sojasauce

Das Öl und/oder Butter in einem Topf erhitzen, die feingeschnittene Zwiebel hineingeben und alles schmoren lassen, aber nicht bräunen. Den feingeschnittenen Sellerie dazugeben, kurz mitschmoren und erst dann den Reis hinzufügen, der unter Umrühren vorher angebraten wird und die abgetropften, trockenen Hülsenfrüchte hinzugeben. Das Gemisch vorsichtig umrühren, damit die Hülsenfrüchte nicht auseinanderfallen.

Mit Pfeffer, Salz und Sojasauce abschmecken und saure Gurken oder Gurkensalat dazu essen.

Hülsenfrüchte mit Makkaroni

100 g gekochte weiße, braune oder andere Bohnen / 1 Tasse gekochte Makkaroni / 1 Eßl. Öl und/oder Butter / 1 kleine Zwiebel / 1 große Tomate oder 1 Eßl. Tomatenmark mit 1 Eßl. Wasser / Pfeffer, Salz / 30 g geraspelter alter Käse / etwas feingeschnittene Petersilie

Dieses Gericht sieht am schönsten aus, wenn man weiße Bohnen verwendet, aber andere Bohnensorten sind auch geeignet.

Öl in einem Topf erhitzen und die geschälte, feingeschnittene Zwiebel dazugeben, damit sie glasig wird. Die Tomate kurz in kochendes Wasser tauchen und abziehen. Die Kerne entfernen und in Stücke schneiden. Die Tomatenstücke zu der geschmorten Zwiebel geben, eventuell kann auch Tomatenmark mit ein wenig Wasser genommen werden. Alles köcheln lassen. Mit Pfeffer und wenig Salz abschmecken, da der Käse für sich schon sehr salzig ist.

Die gargekochten Makkaroni unterrühren, ebenso die abgetropften Bohnen. Das Gemisch gut erhitzen, aber dabei darauf achten, daß die Bohnen beim Umrühren nicht zerdrückt werden.

Auf dem Teller den geraspelten Käse darüberstreuen und etwas feingeschnittene Petersilie.

Paste aus braunen Bohnen oder Kichererbsen

In der ursprünglichen Form dieses aus Indien stammenden Rezeptes werden gekochte Kichererbsen verwendet. Aber braune Bohnen, die in unserem Klima beheimatet sind, eignen sich ebensogut dafür.

Diese Paste kann auf Brot oder Toast gegessen werden, ist aber auch sehr lecker mit Gemüse oder Reis oder zu gebratenen Getreide- oder Kartoffelplätzchen.

Im Kühlschrank ist die Paste in einem gut verschlossenen Marmeladenglas ungefähr eine Woche lang haltbar.

100 g gekochte Hülsenfrüchte / 1 Knoblauchzehe / 2 Eßl. Nußmus oder Sesampaste oder notfalls Erdnußbutter / 4 Eßl. Zitronensaft / Pfeffer, Sojasauce, 1 Messerspitze Cayennepfeffer / eventuell etwas Öl oder etwas Knoblauchsaft

Die gekochten und abgetropften Hülsenfrüchte sehr fein zerdrücken oder zerreiben. Das Nußmus, die Erdnußbutter oder die

Sesampaste mit etwas Zitronensaft, Pfeffer und einer Prise Cayennepfeffer verrühren, von letzterem allerdings nicht zuviel, da die Paste sonst zu scharf wird. Anschließend die zerdrückten Hülsenfrüchte hinzufügen und, wenn das Ganze nicht sämig genug ist, etwas Öl. Knoblauchliebhaber können auch noch etwas Knoblauchsaft aus der Presse hineingeben.

Diese Paste ist im Nu zubereitet, wenn man einen elektrischen Handmixer zur Verfügung hat. In diesem Fall kann man alle Zutaten in eine Schüssel geben und solange mixen, bis das Gemisch glatt und sämig ist.

Brotreste?

Brotreste sind Gold wert. Zunächst einmal kann man Paniermehl daraus herstellen: Das Brot vollkommen austrocknen lassen und es dann mit einer leeren Flasche feinrollen. Dieses selbstgemachte Paniermehl wird in einem Glas aufbewahrt. Aber es lassen sich auch einige leckere Gerichte aus Brotresten zubereiten:

Armer Ritter

Eine schmackhafte und nahrhafte Nachspeise nach einer nicht zu schweren Hauptspeise ist der ‚Arme Ritter'.

2 Scheiben Brot / 1/2 Ei / 2 Tl. Honig oder Zucker / etwas Zimt / 50 ml Milch / Butter oder Margarine zum Braten

Das halbe Ei sorgfältig mit der Milch, dem Honig und dem Zimt verquirlen. Die Krusten von den Brotscheiben abschneiden und für die Herstellung von Paniermehl aufheben. Das Brot auf einen Teller legen und das Milch-Ei-Gemisch darübergießen. Alles ungefähr 10 Minuten lang einziehen lassen.

Anschließend etwas Butter oder Margarine in einer Pfanne erhitzen und die Brotscheiben auf beiden Seiten goldbraun braten. Warm als Nachspeise nach einer leichten Hauptmahlzeit essen.

Gebratene Brotwürfel

Diese kleinen gebratenen Brotwürfel sind eine gute Beilage zu Suppe oder Gemüse. Sie können auch in einem verschlossenen Glas an einem kühlen Ort ein paar Wochen aufbewahrt werden.

Einige Scheiben altes Brot / Öl zum Braten

Die Krusten von den Brotscheiben abschneiden und für die Herstellung von Paniermehl aufbewahren. Das Brot in schöne, gleichgroße Würfel schneiden. Das Öl in einer großen Pfanne erhitzen und die Brotwürfel darin auf beiden Seiten goldbraun braten. Das Öl abtropfen lassen und, nachdem sie abgekühlt sind, in einem gut verschließbaren Behälter kühl aufbewahren.

Pfannenpizza

2 Scheiben Brot / 100 g Gouda in Scheiben / 1 Tomate / 1 Zwiebel / 1 Eßl. geraspelter Käse / etwas Oregano / Butter zum Braten

Etwas Butter in der Pfanne schmelzen und die Brotscheiben hineinlegen. Auf das Brot werden die Käsescheiben und die abgezogenen, in dünne Scheiben geschnittenen Tomaten gelegt. Darüber wird etwas Oregano gestreut, um dem Ganzen das echte Pizzaaroma zu verleihen, und zum Schluß werden hauchdünne Zwiebelringe darauf gelegt.

Den Käse darüber streuen, die Pfanne mit einem Deckel oder einem Teller zudecken und die Pizza in ungefähr 20 Minuten auf sehr kleiner Flamme gar und knusprig werden lassen.

Direkt von der Pfanne auf den Teller schieben.

Käsetoast

2 Scheiben Brot / 1 dicke Scheibe Käse nach Wahl / Butter oder Margarine zum Bestreichen und Backen

Die Brotscheiben auf einer Seite mit Butter bestreichen, den Käse darauflegen und die andere Scheibe mit der bestrichenen Seite auf den Käse legen. Die überstehenden Käseränder abschneiden.

Etwas Butter in die Pfanne geben und das Butterbrot hineinlegen. Die Unterseite auf kleiner Flamme langsam braun werden lassen.

Den Toast umkehren, wieder etwas Butter in die Pfanne geben und die andere Seite knusprig braun werden und den Käse schmelzen lassen.

Den Toast sofort auf den Teller legen und essen.

Pfannkuchen aus Brotresten

2 Scheiben Brot / 100 ml Milch / 1 kleines Ei / etwas Honig / etwas Zimt / etwas geriebene Zitronenschale / Butter oder Margarine zum Backen

Die Krusten von den Brotscheiben abschneiden und für die Herstellung von Paniermehl aufbewahren. Die Milch mit Honig, geriebener Zitronenschale und etwas Zimt zum Kochen bringen und die in kleine Würfel geschnittenen Brotscheiben dazugeben. Alles sorgfältig feinstampfen und den Topf vom Feuer nehmen. Nachdem die Masse abgekühlt ist, das verquirlte Ei unterrühren.

Alles gründlich vermischen. Etwas Butter in einer Pfanne erhitzen und die Hälfte des Teigs hineingießen. Die Unterseite langsam gar und braun werden lassen. Dann den Pfannkuchen umkehren und die andere Seite backen.

Man kann auch sofort einen sehr dicken Pfannkuchen aus diesem Teig backen. Er muß dann aber auf sehr kleiner Flamme backen, so daß auch das Innere gut gar wird. Das Rezept läßt sich variieren durch Hinzufügen von Rosinen oder Korinthen oder durch Unterrühren eines feingeschnittenen Apfels und Zimt.

Oder den Pfannkuchen nach dem Backen mit einer dünnen Schicht Marmelade, z.B. Aprikosen- oder Hagebuttenmarmelade bestreichen.

Nachspeisen

Die gesündeste Nachspeise ist frisches Obst.

Aber ab und zu hat man auch Appetit auf etwas anderes, und nach einer Suppe beispielsweise kann man gut noch eine nahrhafte Nachspeise vertragen. Deshalb hier ein paar solcher Rezepte:

Pfannkuchen

50 g Mehl (ungefähr 1/2 Tasse) / 1/2 Ei / 100 ml Milch / 1 Eßl. Rosinen / 1 Eßl. feingeschnitzelter Apfel / Butter oder Margarine zum Backen

Das Ei mit etwas Milch verquirlen, einen Teil des Mehls hinzufügen, dann wieder Milch usw., bis ein schöner glatter Teig ohne Klumpen entsteht. Die Rosinen und den Apfel unterrühren.

Etwas Butter in einer Pfanne erhitzen, eine Schicht Teig hineinlaufen lassen und den Pfannkuchen wenden, sobald seine Oberseite völlig trocken ist. Auf keinen Fall auf zu großer Flamme backen, denn sonst könnte die eine Seite zu braun werden.

Den Pfannkuchen auf einen Teller legen und warmhalten, z.B. in einer feuerfesten Schale auf einem Stövchen, und den nächsten Pfannkuchen backen. Je nach Größe der Pfanne ergibt die angegebene Menge zwei oder drei Pfannkuchen. Als Nachspeise nach einer dicken Suppe essen.

Plinsen

50 g Mehl / 1 Ei / 150 ml Milch / Marmelade / Butter zum Backen

Einen sämigen, glatten Teig herstellen: Erst das Ei mit der Milch verrühren und anschließend unter ständigem Umrühren mit dem Schneebesen das Mehl hinzufügen. Dieser Teig ist dünner als gewöhnlicher Pfannkuchenteig. Sehr wenig Butter in der Pfanne erhitzen, und so wenig Teig hineingießen, daß der Pfannenboden gerade bedeckt ist und währenddessen die Pfanne schwenken, damit der Teig sich verteilen kann. Wenn der Teig trocken ist, den Pfannkuchen backen. Mit einer leckeren Marmelade, z.B. Hagebuttenmarmelade, bestreichen, solange er noch warm ist. Zusammenrollen und warmhalten und den nächsten Pfannkuchen backen, bis der Teig verarbeitet ist.

Die Plinsen als Nachspeise zu einer Suppe servieren.

Quark mit Ingwer

80 g Quark / 1 Ingwerstück, kandiert / 1/2 Eßl. Ingwerflüssigkeit

Den Quark mit der Ingwerflüssigkeit verrühren und das feingehackte Ingwerstück darunterrühren. Alles in ein Schälchen geben und als Nachspeise beispielsweise zu einem Stampfkartoffelgericht essen.

Quark mit Banane und Apfelsine

1/2 Apfelsine / 1/2 Banane / 80 g Quark / evtl. etwas Honig

Den Quark mit dem Saft einer halben Apfelsine verrühren und eventuell mit etwas Zucker oder Honig abschmecken und die in feine Scheiben geschnittene halbe Banane darunterrühren.

Quark mit Fruchtgelee

80 g Quark / 1 Eßl. Milch / 3 Eßl. Fruchtgelee oder -marmelade

Den Quark mit der Milch verrühren und anschließend nach Wunsch Marmelade oder Gelee unterrühren.

Quark mit frischem Obst

80 g Quark / 100 g Obst der Jahreszeit z.B. Johannisbeeren, Brombeeren, Heidelbeeren / Honig / 1 Eßl. Milch

Den Quark mit der Milch verrühren, eventuell mit etwas Honig abschmecken und am Schluß sehr vorsichtig das gewaschene und abgetropfte Obst darunterheben.

Joghurt mit Obstmarmelade

100 g Joghurt / 3 Eßl. Marmelade nach Wahl

Den Joghurt mit der Marmelade verrühren und in einem Schälchen servieren.

Joghurt mit Nüssen

100 g Joghurt / etwas Honig / 1 Eßl. gehackte Nüsse / 1 ganze Nuß / 1 Tl. Zitronensaft

Die Zutaten mit Ausnahme der einen ganzen Nuß vermengen. Die Masse in ein Schälchen geben und die ganze Nuß als Garnierung daraufsetzen.

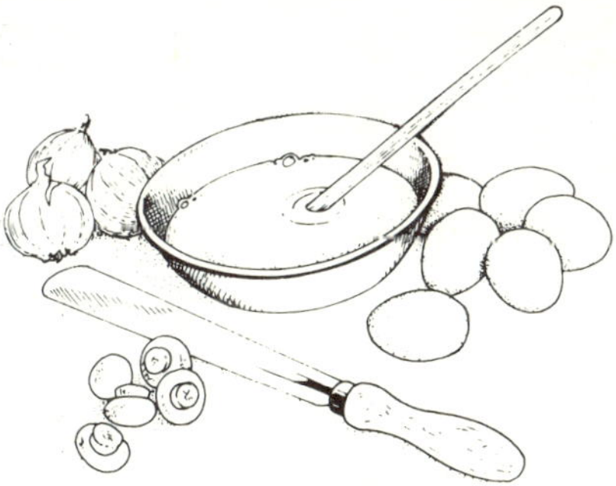

Rezept-Index

Einfach anders essen

Der Titel dieses Buchs sagt, wenn man ihn genau liest, eigentlich alles. *Einfach* essen, das heißt Rezepte, die ohne teure und exotische Zutaten und ohne komplizierte Techniken zubereitet werden können.
Anders essen heißt, daß auch einfache Gerichte gesund und ökologisch sein können.
Rolf Goetz und Peter Queissert zeigen, daß auch mit einfachen Mittel gesund und schmackhaft gekocht werden kann. Gemüse der Saison, vielfach in Vergessenheit geratene Getreidegerichte, aber auch Tofu, Tempeh oder Seitan ermöglichen eine gesunde, ausgewogene Naturkost-Ernährung.

Goetz/Queissert: Einfach anders essen, 160 S.; 9,80 DM

Außerdem:

- H. Nearing: **Rezeptbuch des guten Lebens**, 240 S. 24,80 DM
- Ch. Gerras: **Rohkost - gesunde Köstlichkeiten,** 233 S., 19,80 DM
- Gisteren / Hospers: **Das Öko-Kochbuch**,200 S., 24,80 DM

Alle Bücher sind in jeder Buchhandlung und in Naturkostläden erhältlich.

pala-verlag, schloßgraben 21, 6117 schaafheim.